GRAMMAIRE FRANÇAISE

PAR

Frédéric GODEFROY

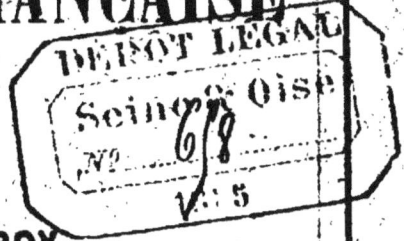
Auteur de l'*Histoire de la Littérature française*, couronnée par l'Académie française
et du *Dictionnaire de l'ancienne langue française*, couronné par
l'Académie des Inscriptions et Belles-Lettres (Grand prix Gobert en 1883).

2ᵉ COURS

PARIS

GAUME ET Cⁱᵉ, ÉDITEURS

3, RUE DE L'ABBAYE, 3

1885

GRAMMAIRE FRANÇAISE

—

2ᵉ COURS

GAUME et Cⁱᵉ, éditeurs, 3, rue de l'Abbaye, à Paris

ABRÉGÉ

DE

L'HISTOIRE DE LA LITTÉRATURE FRANÇAISE

PAR

Frédéric GODEFROY

3 vol. in-8 .... 18 fr.

Ces trois volumes peuvent être acquis séparément et comprennent :

Histoire de la littérature française au xvⁱⁱᵉ siècle.
1 volume in-8° .... 6 fr.

Dans ce volume, divisé par genres, l'auteur a synthétisé toutes les notions d'histoire littéraire, de biographie et de critique qu'il importe de posséder sur les grands classiques et sur tous les écrivains de quelque valeur, prosateurs et poètes, du xvⁱⁱᵉ siècle. L'intérêt que des extraits importants donnent à la grande *Histoire de la littérature* de Frédéric Godefroy a été remplacé ici par la vivacité de l'exposition et par la multiplicité des aperçus.

Histoire de la littérature française au xvⁱⁱⁱᵉ siècle.
1 volume in-8° .... 6 fr.

Ce volume se recommande aux mêmes titres que l'*Histoire de la Littérature* au xvⁱⁱᵉ siècle. Il peut aussi bien que le précédent être mis entre les mains des jeunes gens et des jeunes filles, parce que l'auteur a apporté le soin le plus scrupuleux à éviter tout détail, à écarter toute idée qui ne conviendrait pas à la jeunesse chrétienne.

Histoire de la littérature française au xⁱxᵉ siècle.
1 volume in-8° .... 6 fr.

Ces trois volumes in-8° sont intermédiaires entre les cours classiques gradués et la grande *Histoire de la Littérature française* de Frédéric Godefroy. Ils sont aujourd'hui adoptés, pour les hautes classes, dans d'importantes maisons ecclésiastiques, et peuvent continuer de l'être, malgré la publication du Cours supérieur. Dans un grand nombre d'autres établissements d'éducation chrétienne, ils sont recommandés aux élèves placés dans leurs bibliothèques, donnés en prix, et partout ils sont lus et goûtés.

Ces volumes, à la fois si instructifs et si intéressants, conviennent aussi aux bibliothèques municipales, scolaires, paroissiales. Ils peuvent très avantageusement être donnés comme livres d'étrennes, et beaucoup de personnes du monde ne les liront pas sans être attachées et charmées.

CORBEIL. — Typ. et stér. CRÉTÉ.

GRAMMAIRE FRANÇAISE

PAR

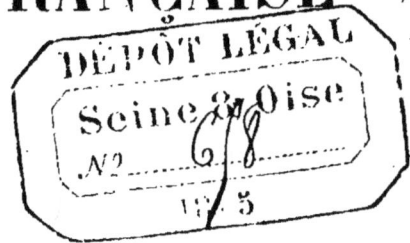

Frédéric GODEFROY

Auteur de l'*Histoire de la Littérature française*, couronnée par l'Académie française
et du *Dictionnaire de l'ancienne langue française*, couronné par
l'Académie des Inscriptions et Belles-Lettres (GRAND PRIX GOBERT EN 1883)

2ᵉ COURS

PARIS

GAUME ET Cⁱᵉ, ÉDITEURS

3, RUE DE L'ABBAYE, 3

1885

PRÉFACE

Notre second Cours, sous un volume très mince, offre une grammaire complète.

Tout le nécessaire, mais rien que le nécessaire.

Ce qui n'appartient pas véritablement à la grammaire a été rigoureusement écarté.

La grammaire est une science assez indépendante pour qu'elle se présente toute seule.

C'est aussi une science assez difficile pour qu'on doive la dégager de ce qui la complique et l'encombre.

On ne trouvera dans cet ouvrage que des principes clairs et précis, que la constatation des lois véritables du bon usage.

Pour le rédiger, tous les travaux autorisés ont été consultés ; mais nous avons voulu qu'il eût son caractère bien à lui.

Les maîtres les plus expérimentés nous en ont garanti l'exactitude scientifique ; nous souhaitons que ceux qui s'en serviront aient lieu de nous remercier des soins que nous avons pris pour la rendre facile à apprendre et à retenir.

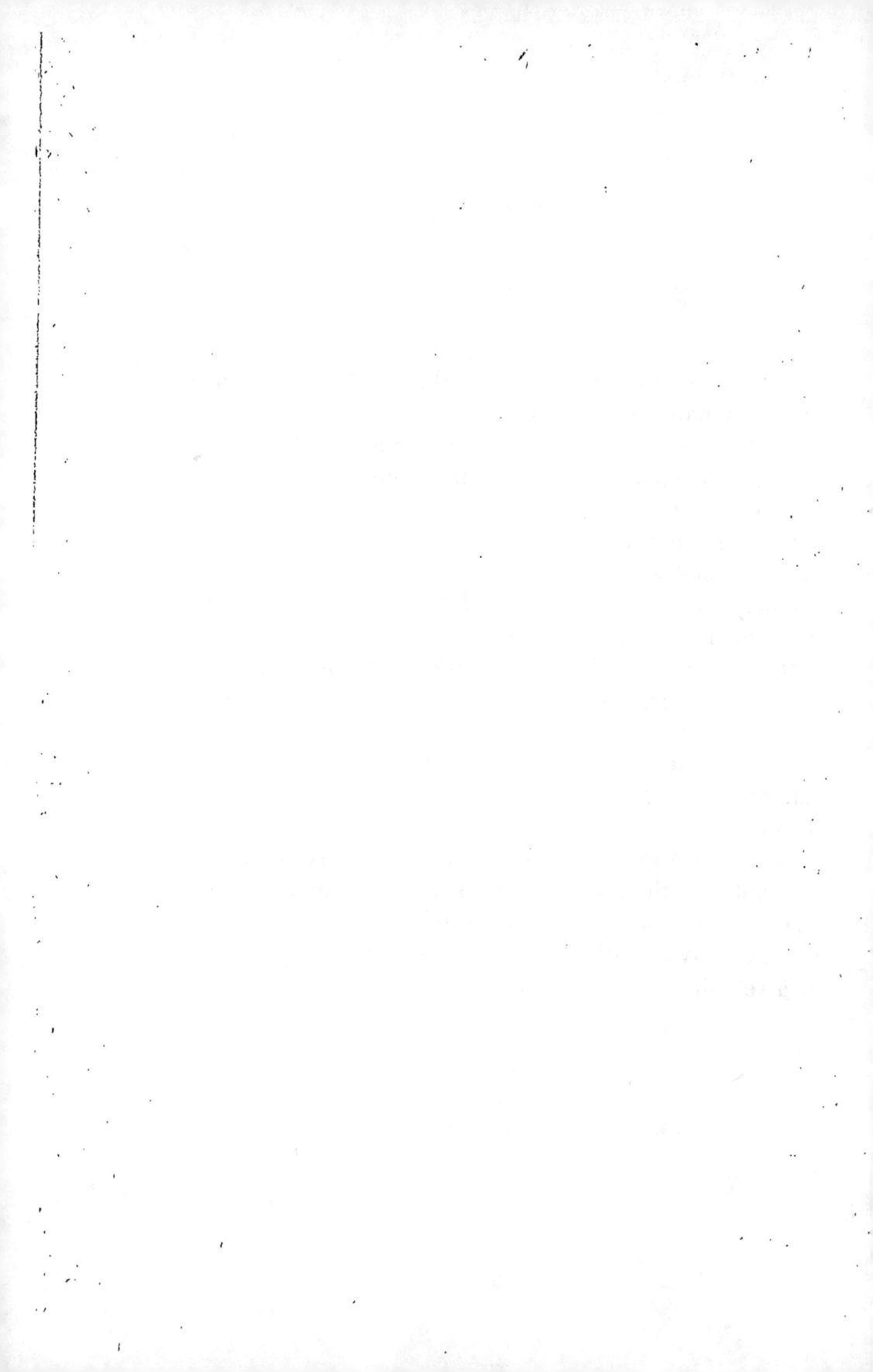

GRAMMAIRE FRANÇAISE

2ᵉ COURS

NOTIONS PRÉLIMINAIRES

CHAPITRE PREMIER

LETTRES

§ 1. La grammaire a pour objet l'étude des règles du langage.

§ 2. Le langage, soit écrit, soit parlé, se compose de mots. Les mots se composent de sons dans le langage parlé, de lettres dans le langage écrit.

§ 3. L'ensemble des lettres s'appelle alphabet, mot qui provient des deux premières lettres grecques *alpha*, *bèta* (ἄλφα, βῆτα).

§ 4. L'alphabet français se compose de vingt-cinq lettres, dont six voyelles simples et dix-neuf consonnes.

CHAPITRE II

VOYELLES ET DIPHTHONGUES

§ 5. On appelle voyelle une lettre qui a une voix, c'est-à-dire un son, par elle-même et sans être jointe à une autre lettre.

§ 6. Les voyelles simples sont *a*, *e*, *i*, *o*, *u*, *y*. Cette dernière a tantôt le son d'un *i* simple (*lyre*, *hymne*), tantôt celui de deux *i* (*pays*, *voyage*).

§ 7. Il y a trois sortes d'*e* :

1° L'*e* muet, qui se prononce d'une manière faible et sourde devant les consonnes et qui ne se prononce pas devant les voyelles. Ex. : *aimerai*, *âme*, *bonne* et *belle* ;

2° L'*e* fermé, qui se prononce la bouche presque fermée et qui est en général marqué par un accent aigu. Ex. : *boucher*, *société* ;

3° L'*e* ouvert, qui se prononce la bouche très ouverte et qui est en général marqué par un accent grave ou par un accent circonflexe. Ex. : *très*, *même*, *mer*.

§ 8. Il y a de plus des voyelles dites composées parce que, quoique ne représentant qu'un seul son, elles sont figurées par plusieurs caractères. Les voyelles composées sont *eu*, *ou*.

§ 9. Il y a en outre toute une série de voyelles appelées nasales parce qu'elles sont prononcées à l'aide du nez. Ce sont *an*, *en*, *in*, *ain*, *ein*, *on*, *un*. Ex. : *pan*, *entre*, *chien*, *fin*, *pain*, *peindre*, *balcon*, *commun*.

§ 10. La diphthongue est la réunion de deux voyelles qui se prononcent par une seule émission de voix.

L'*i* forme les diphthongues *ia*, *iai*, *ié*, *iè*, *ieu*, *io*, *iou*, *ian*, *ien*, *ion* ; l'*o* forme *oe*, *oi*, *oin* ; l'*ou* forme *ouâ*, *oué*, *oui*, *ouan*, *ouen* ; l'*u* forme *ua*, *ue*, *ui*, *uin*.

CHAPITRE III

CONSONNES

§ 11. On appelle consonnes les lettres qui ne forment un son qu'avec le secours des voyelles. Il y a dix-neuf consonnes : *b, c, d, f, g, h, j, k, l, m, n, p, q, r, s, t, v, x, z*, plus *ch*, consonne véritable, puisqu'il se prononce d'une seule émission de voix.

§ 12. Les consonnes se divisent en six catégories principales :

1° Les gutturales : *q, k, c* dur, c'est-à-dire devant *a, o, u*, ou devant une consonne, et *g* dur, c'est-à-dire devant *a, o, u*, ou devant une consonne, ainsi nommées parce qu'elles se prononcent du gosier, en latin GUTTUR ;

2° Les chuintantes : *ch, j* et *g* doux, c'est-à-dire devant *e* ou *i*;

3° Les dentales : *d, t, z, s* et *c* doux, c'est-à-dire devant *e* ou *i*. Ce dernier son est aussi représenté par un *x* à la fin des mots. Ex. : *dix, six*;

4° Les labiales : *p, b, f* et *v*, ainsi nommées parce qu'elles sont émises à l'aide des lèvres;

5° Les nasales : *m, n*, ainsi nommées parce qu'elles peuvent donner à la voyelle qui les précède un son nasal;

6° Les liquides : *l, r*, ainsi nommées parce qu'elles peuvent former avec d'autres consonnes des groupes faciles à prononcer.

§ 13. La lettre *h*, aspirée ou muette, ne rentre dans aucune de ces catégories.

§ 14. La lettre *x*, sauf lorsqu'elle est placée à la fin d'un mot, ne représente pas un son simple ; elle équivaut tantôt à *cs*. Ex. : *Alexandre, expert, extase*; tantôt à *gs*. Ex. : *exiger, exercice*. Elle réunit sous un seul signe une gutturale et une dentale.

§ 15. Dans chacune des quatre premières catégories les consonnes se divisent encore en fortes : *k, q, c* dur, *ch, t, s, p, f*; et en douces : *g* dur, *g* doux, *j, d, z, b* et *v*.

CHAPITRE IV

SYLLABES — ACCENT TONIQUE

§ 16. On appelle syllabe un ou plusieurs sons produits par une seule émission de voix et composés soit d'une voyelle ou d'une diphthongue seule, soit d'une réunion de voyelles ou diphthongues et de consonnes.

§ 17. On appelle syllabe muette une syllabe qui renferme un *e* muet. Ex. : La finale *ce* du mot *pla ce*.

§ 18. On appelle syllabe accentuée celle sur laquelle porte l'accent tonique. L'accent tonique est l'accent plus marqué dont on prononce dans un mot une syllabe particulière et qui se caractérise dans les langues modernes par une plus grande intensité de la voix.

§ 19. En français l'accent tonique frappe toujours la dernière syllabe du mot, quand ce mot n'est pas terminé par un *e* muet. Ex. : *appeler*, *maître*, *aimer*, *table*, *palefroi*.

§ 20. L'accent tonique frappant toujours la dernière syllabe du mot, il s'ensuit qu'il n'est pas toujours à la même place dans le mot simple et dans le mot dérivé. Ex. : *hôtel*, *hôtelier*. Dans *hôtel*, l'accent frappe *el;* dans *hôtelier*, il frappe *ier*. Ce déplacement de l'accent a eu une influence considérable sur la formation des mots dérivés et amène souvent le changement de la voyelle radicale. Ainsi *grain* a produit *grenier; pain*, *panier; sel*, *salin; main*, *manier; père*, *parrain*. C'est par le même principe que dans des mots de formation toute française, par exemple *levraut*, *iè* du simple *lièvre* est devenu *e*.

CHAPITRE V

SIGNES ORTHOGRAPHIQUES

§ 21. On appelle signes orthographiques certains signes employés dans l'écriture, principalement pour modifier la prononciation des voyelles ou des consonnes, ou pour en indiquer la suppression.

§ 22. Les signes orthographiques sont les *accents*, le *tréma*, l'*apostrophe*, la *cédille*, le *trait d'union*.

§ 23. Il y a trois accents : l'accent *aigu*, l'accent *grave* et l'accent *circonflexe*.

§ 24. L'accent *aigu* (´) se place exclusivement sur l'*e* fermé qui termine la syllabe ou qui est seulement suivi d'une *s*. Ex. : *santé, bonté, aimés*.

§ 25. L'accent *grave* (`) se met sur l'*e* ouvert qui termine la syllabe ou qui est suivi d'une *s* qui achève le mot. Ex. : *père, amère, succès*. Il y a cependant quelques exceptions, telles que : *mes, tes, ses, ces, les, j'appelle, terre, coquette*. L'accent grave sert aussi à marquer les mots *à, là, où, dès*, pour empêcher qu'on ne les confonde avec *a, la, ou, des*.

§ 26. L'accent *circonflexe* (^) se place sur une voyelle longue, lorsqu'il y a eu contraction ou suppression d'une lettre, en particulier de l's. Ex. : *âge*, anciennement **eage**, **aage**; *bâiller*, anciennement *baailler*; *épître*, anciennement *epistre*; *côte*, anciennement *coste*; *naître*, anciennement *naistre*; *rôle*, anciennement *roole*; *âme*, anciennement **aneme**; *aimâtes*, anciennement *amastes*; *fût*, anciennement *fust*. Il se place aussi sur quelques autres voyelles non contractées. Ex. : *âtre*, de ATRIUM; *dôme*, de DOMUM; *aimâmes*, etc.

§ 27. Le tréma (¨) se place sur la seconde de deux

voyelles qui se suivent, pour indiquer qu'au lieu de prononcer ces deux voyelles d'une seule émission de voix il faut les séparer dans la prononciation. Ex.: *haïr, Saül, ciguë*, que le tréma empêche de prononcer *hair, Saul, cigue*.

§ 28. L'apostrophe (') se place entre deux lettres pour marquer l'élision d'une des voyelles *a, e, i*. Ex.: *l'âme, l'aigle, s'il*.

§ 29. La cédille (ɔ) se place sous le *c* devant *a, o, u*, pour indiquer que ce *c* doit avoir le son doux, c'est-à-dire se prononcer comme une *s*. Ex.: *reçu, garçon, français*.

§ 30. Le trait d'union (-) sert à réunir, soit plusieurs mots en un seul : *beau-frère, arc-en-ciel* ; soit le verbe avec son sujet, quand il en est suivi : *irai-je*, ou avec son régime : *venez-y*. Il sert aussi à indiquer, à la fin d'une ligne, que le dernier mot n'est pas fini et qu'il continue à la ligne suivante.

CHAPITRE VI

PONCTUATION

§ 31. La ponctuation sert à établir, au moyen de signes convenus, des divisions régulières non seulement entre les phrases, mais aussi entre les propositions et leurs principaux éléments.

§ 32. On distingue dix signes de ponctuation : la *virgule* (,); le *point-virgule* (;), les *deux points* (:), le *point* (.), le *point interrogatif* (?), le *point exclamatif* (!), les *points suspensifs* (.....), la *parenthèse* ( ), le *guillemet* (»), le *tiret* (-).

§ 33. La virgule sert à séparer les parties semblables d'une même phrase, sujets, attributs, compléments et propositions coordonnées de peu d'étendue, lorsqu'elles ne sont pas unies par les conjonctions *et, ni, ou*.

Elle sert également à séparer les compléments directs ou indirects des compléments circonstanciels.

On met entre deux virgules toute expression ou toute proposition qu'on peut supprimer sans détruire le sens de la phrase.

La virgule se place encore entre deux propositions de peu d'étendue unies par une des conjonctions *mais, car*.

§ 34. Le point-virgule sert à séparer des propositions semblables d'une certaine étendue, ou à séparer les divisions d'une phrase quand on fait usage de la virgule dans les subdivisions.

§ 35. Les deux-points s'emploient devant une citation ou devant une proposition qui explique, développe ou résume ce qui précède.

§ 36. Le point se met à la fin de chaque phrase.

§ 37. Le point interrogatif se met à la fin des phrases interrogatives.

§ 38. Le point exclamatif se met après les interjections et après les phrases exclamatives.

§ 39. Les points suspensifs sont employés quand on laisse une phrase inachevée; ils indiquent aussi la suppression d'un ou de plusieurs mots faciles à suppléer.

§ 40. La parenthèse sert à isoler au milieu d'une phrase une proposition qu'on pourrait retrancher sans nuire au sens général.

§ 41. Les guillemets se placent au commencement et à la fin d'une citation et parfois même en tête de chaque ligne.

§ 42. Le tiret s'emploie dans un dialogue pour annoncer le changement d'interlocuteur. En outre, depuis quelques années, on se sert fréquemment d'un double tiret pour dégager la phrase et pour attirer l'attention sur une incidente.

PREMIÈRE PARTIE

ÉTUDE DES MOTS

CHAPITRE PREMIER

DES DIFFÉRENTES ESPÈCES DE MOTS

§ 43. Les mots se divisent en mots *variables*, dont la terminaison peut changer, et en mots *invariables*, dont la terminaison ne change pas.

§ 44. Il y a cinq espèces de mots variables : le *nom* ou *substantif*, l'*article*, l'*adjectif*, le *pronom*, le *verbe*.

§ 45. Il y a quatre espèces de mots invariables : l'*adverbe*, la *préposition*, la *conjonction* et l'*interjection*.

§ 46. Ces neuf espèces de mots s'appellent les *parties du discours*.

CHAPITRE II

NOM OU SUBSTANTIF

§ 47. Le nom ou substantif sert à nommer une personne, un animal ou une chose. Ex. : *Pierre, père, aigle, lion, table, mérite*.

§ 48. Il y a deux espèces de noms : le nom *commun* et le nom *propre*.

§ 49. Le nom *commun* est celui qui convient à tous les êtres, à toutes les choses de même nature. Ex. : *arbre, homme, rue, étoile, vache*.

§ 50. Le nom *propre* est celui qui ne convient qu'à une seule personne ou à une seule chose. Les noms de famille, de pays, de fleuves, de montagnes, sont des noms propres. Ex. : *Louis*, *Jean*, *Corneille*, la *Loire*, la *France*. La première lettre des noms propres doit toujours être une majuscule.

§ 51. Parmi les noms communs on distingue les noms *collectifs* et les noms *composés*.

§ 52. On appelle nom *collectif* tout nom commun qui, quoique au singulier, désigne une collection, une réunion de personnes ou d'objets de la même espèce. Ex. : *armée, troupe, foule, quantité, multitude.*

§ 53. On appelle noms *composés* des noms qui sont formés de plusieurs mots, ordinairement joints par des traits d'union, mais ne désignant qu'une personne ou qu'une chose. Ex. : *arc-en-ciel, arrière-boutique, sous-chef, chef-d'œuvre.*

SECTION I

Du genre dans les noms.

§ 54. Le *genre* est la propriété qu'a le substantif de désigner le sexe réel ou fictif des êtres ou des objets qu'il représente. Il y a en français deux genres : le *masculin*, qui convient aux hommes et aux animaux mâles (le *père*, le *lion*); le *féminin*, qui convient aux femmes et aux animaux femelles (la *mère*, la *lionne*).

C'est par imitation qu'on a donné le genre masculin ou le genre féminin à des objets ou à des noms abstraits. Ex. : le *ciel*, le *bois*; la *terre*, la *lune*; la *charité*.

§ 55. En général on forme le féminin des noms en ajoutant un *e* muet au masculin. Ex. :

Masc.	Fém.	Masc.	Fém.
Villageois.	*Villageoise.*	*Fabricant.*	*Fabricante.*
Cousin.	*Cousine.*	*Marchand.*	*Marchande.*
Serin.	*Serine.*	*Marquis.*	*Marquise.*

1.

§ 56. Très souvent la formation du féminin amène diverses modifications du mot :

§ 57. Les substantifs terminés en *eau* ont leur féminin en *elle*. Ex. : *agneau, agnelle.*

§ 58. La plupart des substantifs terminés par *n*, *t*, redoublent cette consonne devant l'*e* du féminin. Ex. :

Masc.	Fém.	Masc.	Fém.
Gardien.	Gardienne.	Poulet.	Poulette.
Chat.	Chatte.	Linot.	Linotte.
Paysan.	Paysanne.	Baron.	Baronne.

§ 59. La plupart des substantifs terminés en *teur* ont leur féminin en *trice*. Ex. :

Masc.	Fém.	Masc.	Fém.
Conservateur.	Conservatrice	Bienfaiteur.	Bienfaitrice.
Législateur.	Législatrice.	Tuteur.	Tutrice.
Persécuteur.	Persécutrice.	Acteur.	Actrice.

Par analogie *ambassadeur* fait *ambassadrice*.

§ 60. Beaucoup de noms en *eur* forment leur féminin en *euse*. Ex. :

Masc.	Fém.	Masc.	Fém.
Buveur.	Buveuse.	Menteur.	Menteuse.
Voyageur.	Voyageuse.	Brocheur.	Brocheuse.
Danseur.	Danseuse.	Chanteur.	Chanteuse.

§ 61. Quelques noms en *eur* forment leur féminin en *eresse*. Ex. :

Masc.	Fém.	Masc.	Fém.
Chasseur.	Chasseresse.	Pécheur.	Pécheresse.
Défendeur.	Défenderesse.	Vengeur.	Vengeresse.
Demandeur.	Demanderesse.	Enchanteur.	Enchanteresse.

§ 62. *Empereur* a pour féminin *impératrice*. *Chanteur* a *cantatrice* à côté de *chanteuse*.

§ 63. Un certain nombre de substantifs terminés au masculin par un *e* muet ont au féminin la terminaison *esse*. Ex. :

Masc.	Fém.	Masc.	Fém.
Comte.	*Comtesse.*	*Prêtre.*	*Prêtresse.*
Maître.	*Maîtresse.*	*Prophète.*	*Prophétesse.*
Prince.	*Princesse.*	*Hôte.*	*Hôtesse.*
Nègre.	*Négresse.*	*Tigre.*	*Tigresse.*
Poète.	*Poétesse.*	*Pauvre.*	*Pauvresse.*
Ane.	*Anesse.*	*Mulâtre.*	*Mulâtresse.*

La terminaison *esse* se trouve encore dans le féminin de quelques mots isolés, tels que :

Masc.	Fém.	Masc.	Fém.
Abbé.	*Abbesse.*	*Dieu.*	*Déesse.*
Duc.	*Duchesse.*		

§ 64. *Autocrate* a pour féminin la forme bizarre *autocratrice*, créée par Voltaire et sanctionnée par l'Académie.

§ 65. Quelquefois le féminin n'est pas formé sur le masculin actuel. Ex. : *mulet, mule ; taureau, taure ; compagnon, compagne*.

SECTION II

Du nombre dans les noms.

§ 66. Le *nombre* est la propriété qu'ont les noms d'indiquer l'unité ou la pluralité des êtres ou des objets auxquels ils se rapportent. Il y a en français deux nombres : le *singulier* qui est le signe de l'unité, le *pluriel* qui est le signe de la pluralité.

§ 67. On forme le pluriel en ajoutant une *s* au singulier. Ex. : *le chien, les chiens.*

§ 68. Les substantifs terminés par *ant* et *ent* ont perdu le *t* au pluriel jusqu'au commencement du XIXe siècle. Ils sont maintenant, comme les autres, astreints à la règle générale. Il n'y a d'exception que pour le mot *gent*, qui continue à faire *gens* au pluriel.

§ 69. Les mots terminés au singulier par *s*, *x* ou *z*, restent tels quels au pluriel. Ex. : *le fils, les fils; le héros, les héros; le palais, les palais; une noix, des noix; un prix, des prix; un nez, des nez.*

§ 70. Les noms terminés au singulier par *au, eau, eu*, forment leur pluriel en ajoutant un *x*.

Ex. : des *noyaux*, des *châteaux*, des *cheveux*.

joyaux,	*tonneaux,*	*feux.*
tuyaux,	*manteaux,*	*jeux.*
étaux,	*monceaux,*	*lieux.*

Il en est de même de sept noms terminés par *ou*. Ce sont : *bijoux, cailloux, choux, genoux, hiboux, joujoux* et *poux.*

§ 71. La plupart des noms terminés au singulier par *al* formant leur pluriel en *aux*. Ex. : des *animaux*, des *tribunaux*. Quelques-uns seulement forment leur pluriel en *als*. Ex. : des *bals*, des *cals*, des *carnavals*, des *chacals*, des *pals*, des *régals.*

§ 72. Les noms en *ail* terminent régulièrement leur pluriel avec une *s*. Ex. : des *gouvernails*, des *portails.*

Cependant *bail, corail, émail, soupirail, ventail, vitrail*, changent *ail* en *aux*. On dit des *soupiraux*, des *baux*, etc.

Bercail n'a pas de pluriel.

Le pluriel de *bétail* est *bestiaux*.

Travail fait au pluriel *travaux* dans le sens de labeur,

fatigue : les *travaux* de l'esprit. Il fait *travails* quand il désigne : 1° les comptes présentés soit à un souverain par un ministre, soit à un supérieur par un commis. Ex. : *Le ministre a eu cette semaine plusieurs* **travails** *avec le roi* (Acad.); 2° les machines de bois qui servent à contenir les chevaux fougueux qu'on veut ferrer ou panser.

§ 73. *Ail* fait au pluriel *aulx*. Les botanistes disent également *ails*.

Aïeul fait au pluriel *aïeux* dans le sens d'ancêtres en général; il fait *aïeuls* dans le sens de grands-pères.

Ciel fait *cieux* dans le sens général; il fait *ciels* lorsqu'il désigne des climats, des dessus de lit, des hauts de tableaux ou les parties supérieures d'une carrière. Ex. : La gloire des *cieux;* des *ciels* de lit; des *ciels* de tableaux; des *ciels* de carrières.

Œil fait *yeux*, excepté dans les mots composés, où il fait *œils*. Ex. : la prunelle des *yeux;* des *œils*-de-bœuf (lucarne); des *œils*-de-chèvre (plante); des *œils*-de-chat (pierre précieuse).

CHAPITRE III

ARTICLE

§ 74. L'article est un mot qui se met devant les noms communs, en prend le genre et le nombre et indique qu'ils sont employés dans un sens déterminé. *Homme, femme*, sont pris dans un sens indéterminé; *l'homme, la femme*, sont employés dans un sens déterminé.

§ 75. Il n'y a en français qu'un seul article : *le*, pour le masculin singulier ; *la*, pour le féminin singulier ; *les*, pour le pluriel des deux genres.

§ 76. Quand les articles *le, la*, précèdent un mot com-

mençant par une voyelle ou par une *h* muette, ils per-
dent *a* ou *e*, qui est remplacé par le signe appelé apostrophe. Ex. : l'*arbre* pour le *arbre*, l'*arme* pour la *arme*,
l'*histoire* pour la *histoire*, l'*herbe* pour la *herbe*, etc.

§ 77. Devant un nom commençant par une consonne
ou par une *h* aspirée, *à le* se change en *au* et *de le* en *du*.
On dira donc : **au** *frère* et non **à le** *frère*; **au** *hameau* et
non **à le** *hameau*; **du** *pain* et non **de le** *pain*; **du** *harnais* et non **de le** *harnais*.

§ 78. Les formes *du, de la, des*, servent parfois à marquer une partie des personnes ou des choses indiquées.
Ex. : *Il est venu* **du** *monde. Voulez-vous* **de l'eau**, **des**
fraises? C'est ce qu'on peut appeler l'article *partitif*.

CHAPITRE IV

ADJECTIF

§ 79. L'adjectif, du latin ADJECTIVUS, qui s'ajoute, est
un mot *ajouté* à un nom pour exprimer les qualités, les
manières d'être des personnes ou des choses.

§ 80. On distingue trois sortes d'adjectifs : les adjectifs
qualificatifs, les adjectifs *déterminatifs* et les *adjectifs
indéfinis*.

§ 81. Les adjectifs *qualificatifs* désignent des qualités
qui existent physiquement ou moralement dans les
êtres. Ce sont les adjectifs proprement dits, tels que :
*noir, jaune, grand, aimable, mince, aigre, noble,
triste*, etc.

§ 82. Les adjectifs *déterminatifs* servent à préciser,
à limiter la signification du mot auquel ils se rapportent.
Ex. : *ton* chien, *ce* livre.

§ 83. Les adjectifs *indéfinis* déterminent le nom en

y ajoutant une idée vague de nombre ou de qualité. Ex. : *quelques* arbres, *certaines* propriétés.

§ 84. Les adjectifs prennent les deux genres et les deux nombres.

SECTION I

Adjectifs qualificatifs.

1. FORMATION DU FÉMININ.

§ 85. La règle générale pour former le féminin dans les adjectifs est d'ajouter un *e* muet au masculin. Ex. : *divin, divine; saint, sainte; infini, infinie; charnu, charnue.*

§ 86. Les adjectifs terminés au masculin par *er* forment leur féminin en *ère*. Ex. : fier, *fière;* étranger, *étrangère;* altier, *altière.* L'*e* fermé se change donc en *e* ouvert. Il en est de même des six adjectifs *complet, concret, discret, inquiet, replet, secret,* qui font au féminin *complète, concrète, discrète, inquiète, replète, secrète.*

§ 87. Les adjectifs terminés au masculin par *el, eil, ul, en, on, et, ot, as, ais, ès, os,* doublent au féminin la consonne finale devant l'*e* muet. Ex. : cruel, *cruelle;* pareil, *pareille;* nul, *nulle;* ancien, *ancienne;* bon, *bonne;* fluet, *fluette;* sot, *sotte;* gras, *grasse;* épais, *épaisse;* profès, *professe;* gros, *grosse.* De plus, *gentil* fait au féminin *gentille.*

Quelques adjectifs en *ot* ne redoublent cependant pas le *t.* Tels sont *manchot* et *dévot,* qui font au féminin *manchote* et *dévote.*

§ 88. Les adjectifs *beau, nouveau, jumeau, fou, mou, vieux,* font au féminin *belle, nouvelle, jumelle, folle, molle, vieille.* Ce féminin est formé sur les formes anciennes du masculin *bel, nouvel, fol, mol, vieil,* qui persistent encore maintenant devant une voyelle ou une *h* muette. Ex. : un *bel* homme, un *nouvel* échec, un *fol* espoir, un *vieil* âne, etc.

§ 89. Les adjectifs terminés par *f* changent au féminin *f* en *v*. Ex. : vif, *vive ;* neuf, *neuve ;* actif, *active*, etc.

§ 90. Les adjectifs terminés par *x* changent au féminin *x* en *s*. Ex. : boueux, *boueuse ;* pieux, *pieuse ;* jaloux, *jalouse*. Ici encore c'est le féminin qui a conservé la voyelle latine. Les adjectifs *faux* et *roux* prennent au féminin deux *s* et font *fausse, rousse*. *Doux* fait au féminin *douce*. Le français a ainsi conservé à ces mots le son de l's dure qu'ils avaient en latin.

§ 91. Les adjectifs terminés par un *c*, muet ou sonore, changent en général ce *c* en *ch* au féminin. Ex. : blanc, *blanche ;* franc, *franche ;* sec, *sèche*, etc. *Frais* fait de même *fraîche* au féminin.

§ 92. Un certain nombre d'adjectifs terminés par un *c* changent au féminin ce *c* en *que*, ou même en *cque*. Ainsi : public, *publique ;* turc, *turque ;* caduc, *caduque ;* grec, *grecque*.

§ 93. Les adjectifs terminés en *eur* forment leur féminin, les uns en *euse :* boudeur, *boudeuse ;* voleur, *voleuse ;* les autres en *eresse :* enchanteur, *enchanteresse ;* vengeur, *vengeresse ;* les autres en *trice :* accusateur, *accusatrice ;* altérateur, *altératrice*.

§ 94. Quelques adjectifs terminés en *eur* forment leur féminin d'après la règle générale, en ajoutant un *e* au masculin. Ce sont les adjectifs en *ieur :* extérieur, *extérieure ;* intérieur, *intérieure ;* et les mots *majeur, mineur* et *meilleur*.

§ 95. Les adjectifs *bénin, malin*, font au féminin *bénigne* et *maligne*.

§ 96. Les adjectifs *favori* et *coi* font au féminin *favorite* et *coite*.

§ 97. Les adjectifs terminés par un *g* placent au féminin un *u* après le *g* de manière à conserver à la gutturale le son dur. Ex. : long, *longue;* oblong, *oblongue.*

§ 98. Le mot *tiers* fait au féminin *tierce.*

2. FORMATION DU PLURIEL.

§ 99. La règle générale pour former le pluriel dans les adjectifs est d'ajouter une *s* au singulier. Ex. : fort, *forts;* bon, *bons.*

§ 100. Les adjectifs terminés au masculin singulier par une *s* ou un *x*, comme *gras, jaloux, doux*, ne subissent aucun changement au pluriel masculin. Ex. : un homme *gras*, des hommes *gras;* un vin *doux*, des vins *doux.*

§ 101. L'adjectif *tout* fait au pluriel *tous.*

§ 102. Les adjectifs terminés en *al* changent pour la plupart *al* en *aux* au pluriel. Ex. : général, *généraux;* égal, *égaux;* numéral, *numéraux.*

§ 103. Quelques adjectifs en *al* prennent simplement une *s* au pluriel. Ex. : fatal, *fatals;* glacial, *glacials;* filial, *filials.*

§ 104. Les adjectifs terminés en *eau* forment leur pluriel en *eaux*. Ex. : beau, *beaux;* nouveau, *nouveaux.*

§ 105. L'adjectif *hébreu* prend également un *x* au pluriel : des livres *hébreux.*

3. DEGRÉS DE SIGNIFICATION.

§ 106. Les adjectifs qualificatifs peuvent avoir plusieurs degrés de signification : le positif, le comparatif et le superlatif.

§ 107. Le positif exprime la qualité d'une manière simple et absolue. Ex. : *Mon fils est savant.*

Le comparatif exprime un rapport de comparaison. Ex. : *Mon fils est plus savant que son cousin.*

Le superlatif exprime la qualité portée au plus haut degré. Ex. : *Mon fils est le plus savant de tous les écoliers. Victor Hugo est un très grand poète.*

§ 108. Il y a trois sortes de comparatifs : 1° le comparatif de supériorité, formé avec l'adverbe *plus.* Ex. : *Tu es* **plus** *grand que moi;* 2° le comparatif d'infériorité, formé avec l'adverbe *moins.* Ex. : *Tu es* **moins** *grand que moi;* 3° le comparatif d'égalité, formé avec l'adverbe *aussi.* Ex. : *Tu es* **aussi** *grand que moi.*

§ 109. Il y a deux sortes de superlatifs : 1° le superlatif relatif, qui exprime une très haute qualité avec comparaison. Il se forme en faisant précéder de l'article le comparatif : Ex. : *L'éléphant est le plus grand des quadrupèdes;* 2° le superlatif absolu, qui exprime la qualité portée à un très haut degré, sans comparaison. Ex. : *L'éléphant est un très grand animal.* Il est marqué par les adverbes *très, fort, extrêmement, infiniment.*

SECTION II

Adjectifs déterminatifs.

§ 110. Il y a trois sortes d'adjectifs déterminatifs : l'adjectif *démonstratif,* les adjectifs *possessifs* et les adjectifs *numéraux.*

1. ADJECTIF DÉMONSTRATIF.

§ 111. L'adjectif *démonstratif* est celui qui sert à montrer la personne ou la chose dont on parle.

§ 112. Il n'y a dans la langue moderne qu'un seul adjectif démonstratif : *ce* ou *cet,* pour le masculin singulier ;

cette, pour le féminin singulier ; *ces*, pour le pluriel des deux genres.

§ 113. L'adjectif démonstratif masculin singulier est *ce* devant une consonne ou une *h* aspirée ; *cet* devant une voyelle ou une *h* muette. Ex. : *ce* cheval, *ce* harnais ; *cet* arbre, *cet* homme.

2. ADJECTIFS POSSESSIFS.

§ 114. Les adjectifs *possessifs* sont ceux qui ajoutent au nom une idée de possession relative à une des trois personnes.

§ 115. Les adjectifs possessifs sont :

1° Quand l'objet appartient à une seule personne :

	Masc. singulier.	Fém. singulier.	Plur. des deux genres.
1re personne :	*Mon.*	*Ma.*	*Mes.*
2e personne :	*Ton.*	*Ta.*	*Tes.*
3e personne :	*Son.*	*Sa.*	*Ses.*

Ex. : *Mon* ami, *ta* sœur, *ses* jouets :

2° Quand l'objet appartient à plusieurs personnes en même temps :

	Singulier des deux genres.	Pluriel des deux genres.
1re personne :	*Notre.*	*Nos.*
2e personne :	*Votre.*	*Vos.*
3e personne :	*Leur.*	*Leurs.*

§ 116. On se sert de *mon, ton, son,* au lieu de *ma, ta, sa,* devant les noms et adjectifs féminins commençant par une voyelle ou une *h* muette. Ex. : *mon* arme, *ton* affabilité, *son* humanité, etc.

3. Adjectifs numéraux.

§ 117. Les adjectifs *numéraux* sont ceux qui marquent le nombre, l'ordre ou le rang.

§ 118. Il y a deux sortes d'adjectifs numéraux : 1° les adjectifs *numéraux cardinaux*, qui expriment le nombre ou la quantité des objets, comme *sept, neuf, onze*, etc. ; 2° les adjectifs *numéraux ordinaux*, qui expriment l'ordre, le rang des personnes ou des choses, comme *premier, centième*, etc.

§ 119. Les adjectifs numéraux ordinaux se forment par l'adjonction du suffixe *ième* (lat. ESIMUM) aux adjectifs numéraux cardinaux correspondants. Ex. : *vingtième, troisième, centième*, etc.

Quand l'adjectif cardinal est terminé par un *e* muet, on supprime cet *e*. Ex. : *douzième, seizième*, etc. *Neuf* a donné *neuvième*. De *cinq* on a fait *cinquième* en plaçant un *u* après le *q*, le *q* ne pouvant se passer d'*u* qu'à la finale.

§ 120. L'adjectif ordinal de *un* est *premier*, qui provient du latin PRIMUS, à l'aide du suffixe *ier*. On emploie toutefois *unième* en composition. Ex. : *soixante et unième*.

§ 121. L'adjectif ordinal de *deux* est *deuxième*, formé d'après la règle générale, et *second*, tiré du latin SECUNDUM. Ce dernier ne s'emploie que dans le cas où il n'est question que de deux personnes ou de deux choses.

SECTION III

Adjectifs indéfinis.

§ 122. Les adjectifs *indéfinis* sont ceux qui présentent les noms d'une manière vague et générale.

§ 123. Ces adjectifs sont *aucun, autre, certain, chaque, maint, nul, plusieurs, quelconque, quelque, tel, tout, un.*

CHAPITRE V

PRONOM

§ 124. Le *pronom* est un mot qui tient la place du nom, comme l'indique son étymologie (PRO, pour, et NOMEN, nom).

§ 125. Il y a cinq espèces de pronoms : les pronoms *personnels, possessifs, démonstratifs, relatifs* ou *conjonctifs,* et *indéfinis.*

SECTION I

Pronoms personnels.

§ 126. Les pronoms *personnels* sont ceux qui indiquent le rôle du nom dans le discours.

§ 127. Il y a trois rôles ou personnes dans le discours : la première personne, celle qui parle ; la seconde personne, celle à qui l'on parle ; la troisième personne, la personne ou la chose de qui l'on parle.

§ 128. Les pronoms personnels sont :

		Singulier.	Pluriel.
1re personne :	Masc. et fém.	*je* *me* *moi*	*nous*
2e personne :	Masc. et fém.	*tu* *te* *toi*	*vous*

		Singulier.	Pluriel.
Masculin.		*il* *le*	*ils* *les*
Féminin.		*elle* *la*	*elles* *les*
Neutre.		*il* *le*	pas de pluriel.
Masc. et fém.		*lui* *soi*	*les* *leur*
Masc., fém. et neutre.		*se* *en* *y*	

(3° personne.)

§ 129. *En* sert à remplacer *de* suivi d'un pronom. Ex. : *Nourri dans le sérail, j'**en** connais les détours. Leur* et *y* servent à remplacer *à* suivi d'un pronom. Ex. : *Va, dis-**leur** qu'à ce prix je **leur** permets de vivre. — Pour ébranler mon cœur est-ce peu de Camille ? **y** joignez-vous ma sœur ?*

SECTION II

Pronoms possessifs.

§ 130. Les pronoms *possessifs* sont ceux qui tiennent la place des noms en y ajoutant une idée de possession. Ils sont toujours précédés de l'article.

§ 131. Les pronoms possessifs sont :

1° Quand on parle d'un objet possédé par une seule personne :

		Singulier.	Pluriel.
1re personne.	Masculin :	*le mien.*	*les miens.*
	Féminin :	*la mienne.*	*les miennes.*
2° personne.	Masculin :	*le tien.*	*les tiens.*
	Féminin :	*la tienne.*	*les tiennes.*

	Singulier.	Pluriel.

3° personne. { Masculin : *le sien.* — *les siens.*
            { Féminin : *la sienne.* — *les siennes.*

2° Quand on parle d'un objet possédé à la fois par plusieurs personnes :

Singulier.   Pluriel.

1re personne. { Masculin : *le nôtre* }
             { Féminin : *la nôtre* } *les nôtres.*

2° personne. { Masculin : *le vôtre* }
            { Féminin : *la vôtre* } *les vôtres.*

3° personne. { Masculin : *le leur* }
            { Féminin : *la leur* } *les leurs.*

SECTION III

Pronoms démonstratifs.

§ 132. Les pronoms *démonstratifs* sont ceux qui tiennent la place du nom en montrant la personne ou la chose que ce nom désigne.

§ 133. Les pronoms démonstratifs sont :

	Singulier.	Pluriel.
Masculin :	*Celui.*	*Ceux.*
Féminin :	*Celle.*	*Celles.*
Neutre :	*Ce.*	

§ 134. Le français moderne n'a conservé qu'un seul pronom démonstratif; mais il peut en nuancer la signification à l'aide des adverbes *ci* qui marque le rapprochement, et *là* qui marque l'éloignement : *Celui-ci, celui-là,* etc.

SECTION IV

Pronoms relatifs ou conjonctifs.

§ 135. Les pronoms *relatifs* (de RELATIVUM, qui exprime la relation) ou *conjonctifs* (de CONJUNCTIVUM, qui joint) sont ceux qui unissent le nom ou le pronom dont ils tiennent la place avec le membre de phrase qui les suit. Ex. : *Ce* **qui** *se conçoit bien s'énonce clairement.*

§ 136. Le mot dont le pronom relatif tient la place se nomme son *antécédent* (lat. ANTECEDENTEM, qui va devant). *Ce* est l'antécédent de *qui* dans l'exemple ci-dessus.

§ 137. Les pronoms relatifs sont *qui, que, quoi, dont, où, lequel.* Les cinq premiers s'emploient pour les deux genres et les deux nombres. *Lequel* varie en genre et en nombre.

§ 138. La plupart des pronoms relatifs s'emploient aussi interrogativement. Ex.: **Que** *voulez-vous?* — A **quoi** *pensez-vous? — De ces deux chevaux,* **lequel** *est le meilleur?.—* **Qui** *êtes-vous? Dont* ne peut pas s'employer interrogativement.

SECTION V

Pronoms indéfinis.

§ 139. Les pronoms *indéfinis* sont ceux qui tiennent la place du nom sans le faire connaître d'une manière précise.

§ 140. Les pronoms indéfinis sont : *autrui, chacun, on, personne, rien, quelqu'un, l'un... l'autre.*

§ 141. Certains adjectifs indéfinis s'emploient comme pronoms indéfinis lorsqu'ils ne sont pas suivis d'un substantif. Tels sont : *nul, plusieurs.* Ex. : **Nul** *n'aura de l'es-*

prit, hors nous et nos amis. — Cet homme, qui a fait la fortune de **plusieurs,** *n'a pu soutenir la sienne.*

CHAPITRE VI

VERBE

SECTION I

Définitions

1. VERBE, SUJET, COMPLÉMENT.

§ 142. Le verbe est un mot qui sert à exprimer l'existence : *Dieu* **est;** l'affirmation : *La terre* **est** *ronde;* l'état : *Le chat* **dort;** ou l'action : *Le mouton* **broute** *l'herbe.*

§ 143. On appelle *sujet* du verbe le mot représentant la personne ou la chose qui est dans l'état ou qui fait l'action que le verbe exprime. Dans : *L'*__homme__ *est mortel, l'homme* est le sujet.

§ 144. On appelle *complément* du verbe, tout mot qui sert à faire connaître d'une manière plus complète l'action exprimée par le verbe.

§ 145. Il y a deux sortes de compléments du verbe : le complément *direct,* et le complément *indirect.*

§ 146. Le complément *direct* du verbe est celui qui complète la signification du verbe *directement,* c'est-à-dire sans le secours d'aucun autre mot. Dans : *Le mouton* broute __l'herbe,__ *l'herbe* est un complément direct.

§ 147. Le complément *indirect* du verbe est celui qui ne complète la signification du verbe qu'avec le secours d'une préposition. Dans : *Le soldat court* **à l'ennemi,** *la neige tombe* **sur les montagnes,** *à l'ennemi, sur les montagnes,* sont des compléments indirects.

2. Des cinq espèces de verbes.

§ 148. Il y a cinq sortes de verbes : les verbes *transitifs* ou *actifs*, les verbes *passifs*, les verbes *réfléchis*, les verbes *intransitifs* ou *neutres*, et les verbes *impersonnels*.

§ 149. Les verbes *transitifs* ou *actifs* sont ceux qui expriment une action faite par le sujet et s'exerçant sur un autre être qui la reçoit. L'action est transmise par le sujet au complément, d'où le nom de verbes *transitifs* (du latin TRANSIRE, passer). Ex. : *Le chat* **mange** *la souris*.

§ 150. Les verbes *passifs* (du latin PATI, souffrir) sont ceux qui expriment une action subie, soufferte par le sujet. Ex. : *La souris* **est mangée** *par le chat*.

§ 151. Les verbes *réfléchis* sont ceux qui expriment une action à la fois faite et subie par le sujet ; leur nom provient de ce que l'action faite par le sujet se *réfléchit* immédiatement sur lui. Ex. : *Je* **me mords**.

§ 152. La plupart des verbes *transitifs* ou *actifs* peuvent devenir passifs et réfléchis. Ex. : *Je mords, je suis mordu, je me mords*.

§ 153. Les verbes *intransitifs* ou *neutres* sont ceux qui expriment une action qui ne sort pas du sujet, dont l'action ne *passe* pas sur un autre être ; de là leur nom, formé de la particule négative IN et de TRANSIRE, passer. Ex. : *Je dors*.

§ 154. Les verbes *impersonnels* sont ceux qui expriment une action sans la rapporter à une personne, à un sujet déterminé. Le sujet est représenté alors par le pronom *il*, qui ne remplace aucun nom. Ex. : *Il* **pleut**, *il* **tonne**.

3. Radical, terminaison.

§ 155. Dans tout verbe il faut distinguer deux parties : le *radical* et la *terminaison*. Le *radical* (mot dérivé du latin RADIX, racine) est la partie du verbe qui en général ne change pas. La *terminaison* en est au contraire la partie toujours variable sous l'influence des nombres, des personnes, des temps et des modes. Dans *manger*, par ex., *mang* est le radical immuable, et *er* la terminaison propre à l'infinitif.

4. NOMBRES.

§ 156. Comme les noms, les verbes ont les deux nombres: le *singulier*, quand il s'agit d'une seule personne ou d'une seule chose, et le *pluriel*, quand il s'agit de plusieurs.

5. PERSONNES.

§ 157. Les verbes varient selon les personnes. La première personne indique que l'action est faite par la personne qui parle. Ex. : *Je marche;* la seconde, que l'action est faite par la personne à qui l'on parle. Ex.: *Tu marches;* la troisième, que l'action est faite par la personne ou la chose de qui l'on parle. Ex. : *Il marche; la terre tourne.*

6. MODES.

§ 158. Les *modes* (du latin MODUM) sont les différentes manières de présenter l'action ou l'état indiqués par le verbe. Il y a en français six modes : l'*indicatif*, l'*impératif*, le *subjonctif*, le *conditionnel*, l'*infinitif* et le *participe*.

§ 159. L'*indicatif* s'emploie pour *indiquer* l'action d'une manière précise. Ex.: *j'*aime *ma mère; j'*ai appris *l'escrime; j'irai à Londres.*

§ 160. L'*impératif* s'emploie pour ordonner (en latin IMPERARE) que l'action ait lieu. Ex. : Honorez *vos parents.*

§ 161. Le *subjonctif* (du latin SUBJONCTIVUM, qui est soumis) s'emploie pour indiquer que l'action dépend d'une autre action. Ex. : *Je désire que tu t'en* **ailles**.

§ 162. Le *conditionnel* s'emploie pour indiquer que l'accomplissement d'une action est soumis à une condition. Ex. : *J'irais vous voir, si j'espérais vous rencontrer.*

§ 163. L'*infinitif* exprime l'état ou l'action d'une manière vague, indéterminée, sans désignation de nombre ni de personne. Ex. : *mourir, croire.*

§ 164. Le *participe* tient de la nature du verbe et de celle de l'adjectif.

§ 165. Les quatre premiers modes sont dits modes *personnels*, parce qu'ils admettent la distinction des personnes. Les deux derniers s'appellent modes *impersonnels*.

7. TEMPS.

§ 166. Les *temps* marquent les époques auxquelles se rapportent l'état ou l'action exprimés par le verbe.

§ 167. Il y a trois temps principaux : le *présent*, le *passé* et le *futur*.

§ 168. Le *présent* marque que la chose *est* ou *se fait* présentement. Ex. : *Je suis fort; je travaille.*

§ 169. Le *passé* marque que la chose *a été* ou *a été faite*. Ex. : *J'ai été malade; j'ai travaillé.*

§ 170. Le *futur* marque que la chose *sera* ou *se fera*. Ex. : *Je serai courageux; je travaillerai.*

§ 171. Le passé et le futur admettent des subdivisions ou temps secondaires.

§ 172. Ce sont, pour le passé :

1° L'*imparfait*, qui marque que la chose *était* ou *se faisait* en même temps qu'une autre. Il indique donc une action présente, c'est-à-dire non encore terminée, relativement à une autre action passée ; de là le nom d'imparfait, c'est-à-dire *inachevé*. Ex. : *Je* **chantais** *pendant que tu dessinais ;*

2° Le *parfait défini*, qui indique que l'action s'est faite à un moment déterminé, défini. Ex. : *L'armée* **entra** *hier dans la ville ;*

3° Le *parfait indéfini*, qui indique que l'action s'est faite à un moment indéterminé. Ex. : *J'ai* **connu** *votre père ;*

4° Le *parfait antérieur*, qui marque que l'action s'est faite immédiatement avant une autre qui a eu lieu dans un temps passé. Ex. : *Quand il* **eut fini** *son discours, je lui répondis ;*

5° Le *plus-que-parfait*, qui indique que l'action s'est faite plus ou moins longtemps avant une autre également passée. Ex. : *J'*avais **lu** *un chapitre quand vous êtes arrivé.*

§ 173. Le *futur* comporte deux subdivisions :

1° Le *futur simple*, qui indique simplement que l'action se fera dans l'avenir. Ex. : *J'irai en Suisse ;*

2° Le *futur antérieur*, qui indique que l'action se fera avant une autre également à venir. Ex. : *Quand j'*aurai **fini** *mes devoirs, je sortirai.*

§ 174. Le *parfait indéfini*, le *parfait antérieur*, le *plus-que-parfait* et le *futur antérieur* sont des temps *composés*. Ils sont ainsi nommés parce qu'ils sont formés à l'aide des verbes auxiliaires, *avoir* ou *être*.

8. CONJUGAISONS.

§ 175. Il y a en français quatre conjugaisons. On les distingue par la terminaison de l'infinitif.

§ 176. La première conjugaison a l'infinitif terminé en *er*. Ex. : *aimer, consoler, exhorter*, etc.

§ 177. La seconde conjugaison a l'infinitif terminé en *ir*. Ex. : *finir, partir*, etc.

§ 178. La troisième conjugaison a l'infinitif terminé en *oir*. Ex. : *avoir, recevoir*, etc.

§ 179. La quatrième conjugaison a l'infinitif terminé en *re*. Ex. : *rendre, prendre, vendre*, etc.

SECTION II

Formation des temps simples.

§ 180. La plupart des temps simples français se forment des temps correspondants latins. Cependant, l'imparfait du subjonctif vient du plus-que-parfait du subjonctif latin. Le futur simple et le conditionnel sont de formation française.

Nous donnerons le paradigme de chaque temps dans les quatre conjugaisons en faisant précéder du type latin les formes de la première conjugaison, la plus régulière de toutes.

1. Présent de l'indicatif.

§181. Le présent de l'indicatif se forme ainsi qu'il suit :

I

Je chant e.	Nous chant ons.
Tu chant es.	Vous chant ez.
Il chant e.	Ils chant ent.

II	III	IV
Je fin is.	Je reç oi s.	Je romp s.
Tu fin is.	Tu reç oi s.	Tu romp s.
Il fin i t.	Il reç oi t.	Il romp t.
Nous fin iss ons.	Nous reç ev ons.	Nous romp ons.
Vous fin iss ez.	Vous reç ev ez.	Vous romp ez.
Ils fin iss ent.	Ils reç oiv ent.	Ils romp ent.

2. IMPARFAIT DE L'INDICATIF.

§ 182. L'imparfait de l'indicatif se forme ainsi qu'il suit :

I

Je	chant ais.	Nous	chant ions.
Tu	chant ais.	Vous	chant iez.
Il	chant ait.	Ils	chant aient.

II		III		IV	
Je	fin iss ais.	Je	rec ev ais.	Je	romp ais.
Tu	fin iss ais.	Tu	rec ev ais.	Tu	romp ais.
Il	fin iss ait.	Il	rec ev ait.	Il	romp ait.
Nous	fin iss ions.	Nous	rec ev ions.	Nous	romp ions.
Vous	fin iss iez.	Vous	rec ev iez.	Vous	romp iez.
Ils	fin iss aient.	Ils	rec ev aient.	Ils	romp aient.

3. PARFAIT DÉFINI.

§ 183. Le parfait défini se forme ainsi qu'il suit :

I

Je	chant ai.	Nous	chant âmes.
Tu	chant as.	Vous	chant âtes.
Il	chant a.	Ils	chant èrent.

II		III		IV	
Je	fin is.	Je	reç us.	Je	romp is.
Tu	fin is.	Tu	reç us.	Tu	romp is.
Il	fin it.	Il	reç ut.	Il	romp it.
Nous	fin îmes.	Nous	reç ûmes.	Nous	romp îmes.
Vous	fin îtes.	Vous	reç ûtes.	Vous	romp îtes.
Ils	fin irent.	Ils	reç urent.	Ils	romp irent.

4. FUTUR SIMPLE.

§ 184. Le futur simple se forme ainsi qu'il suit :

I		II
Je chant er ai.		Je fin ir ai.
Tu chant er as.		Tu fin ir as.
Il chant er a.		Il fin ir a.
Nous chant er ons.		Nous fin ir ons.
Vous chant er ez.		Vous fin ir ez.
Ils chant er ont.		Ils fin ir ont.

III		IV
Je rec ev r ai.		Je romp r ai.
Tu rec ev r as.		Tu romp r as.
Il rec ev r a.		Il romp r a.
Nous rec ev r ons.		Nous romp r ons.
Vous rec ev r ez.		Vous romp r ez.
Ils rec ev r ont.		Ils romp r ont.

5. CONDITIONNEL SIMPLE.

§ 185. Le conditionnel simple se forme ainsi qu'il suit :

I		II
Je chant er ais.		Je fin ir ais.
Tu chant er ais.		Tu fin ir ais.
Il chant er ait.		Il fin ir ait.
Nous chant er ions.		Nous fin ir ions.
Vous chant er iez.		Vous fin ir iez.
Ils chant er aient.		Ils fin ir aient.

	III					IV		
Je	rec	ev	r	ais.	Je	romp	r	ais.
Tu	rec	ev	r	ais.	Tu	romp	r	ais.
Il	rec	ev	r	ait.	Il	romp	r	ait.
Nous	rec	ev	r	ions.	Nous	romp	r	ions.
Vous	rec	ev	r	iez.	Vous	romp	r	iez.
Ils	rec	ev	r	aient.	Ils	romp	r	aient.

6. Impératif.

§ 186. L'impératif se forme ainsi qu'il suit :

I

Chant e.　　　Chant ons.　　　Chant ez.

II	III	IV
Fin is.	Reç oi s.	Romp s.
Fin iss ons.	Rec ev ons.	Romp ons.
Fin iss ez.	Rec ev ez.	Romp ez.

7. Présent du subjonctif.

§ 187. Le présent du subjonctif se forme ainsi qu'il suit :

I

Que je	chant e.	Que nous chant ions.
Que tu	chant es.	Que vous chant iez.
Qu'il	chant e.	Qu'ils chant ent.

II		III	
Que je	fin iss e.	Que je	reçoiv e.
Que tu	fin iss es.	Que tu	reçoiv es.
Qu'il	fin iss e.	Qu'il	reçoiv e.
Que nous	fin iss ions.	Que nous	recev ions.
Que vous	fin iss iez.	Que vous	recev iez.
Qu'ils	fin iss ent.	Qu'ils	reçoiv ent.

IV

Que je   romp e.
Que tu   romp es.
Qu'il   romp e.
Que nous romp ions.
Que vous romp iez.
Qu'ils   romp ent.

8. Imparfait du subjonctif.

§ 188. L'imparfait du subjonctif se forme ainsi qu'il suit :

I

Que je	chant asse.	Que nous chant assions.	
Que tu	chant asses.	Que vous chant assiez.	
Qu'il	chant ât.	Qu'ils	chant assent.

II

Que je   fin isse.
Que tu   fin isses.
Qu'il   fin ît.
Que nous fin issions.
Que vous fin issiez.
Qu'ils   fin issent.

III

Que je   reç usse.
Que tu   reç usses.
Qu'il   reç ût.
Que nous reç ussions.
Que vous reç ussiez.
Qu'ils   reç ussent.

IV

Que je   romp isse.
Que tu   romp isses.
Qu'il   romp ît.
Que nous romp issions.
Que vous romp issiez.
Qu'ils   romp issent.

9. Infinitif.

§ 189. Pour l'infinitif, voir § 176-179, où il est traité des conjugaisons.

10. Participe présent.

§ 190. Le participe présent se forme ainsi qu'il suit

I

Chant ant.

II	III	IV
Fin iss ant.	Recev ant.	Romp ant.

11. Participe passé.

§ 191. Le participe passé se forme ainsi qu'il suit :

I

Masculin : Chant é.
Féminin : Chant ée.

II :	III	IV
Fin i.	Reç u.	Romp u.
Fin ie.	Reç ue.	Romp ue.

SECTION III

Formation des temps composés.

Auxiliaires **Avoir** *et* **Être.**

§ 192. Les *temps composés* sont ceux qui sont formés du participe passé et de l'un des auxiliaires *avoir* ou *être*. Ce sont :

1° Le *parfait indéfini*, formé à l'aide du présent de l'indicatif de l'auxiliaire. Ex. : *j'ai écrit ; je suis venu ;*

2° Le *plus-que-parfait*, formé à l'aide de l'imparfait d
l'indicatif de l'auxiliaire. Ex. : *j'avais écrit ; j'étais venu*

3° Le *parfait antérieur*, formé à l'aide du parfait dé
fini de l'auxiliaire. Ex. : *j'eus écrit ; je fus venu ;*

4° Le *futur antérieur*, formé à l'aide du futur simpl
de l'auxiliaire. Ex. : *j'aurai écrit ; je serai venu ;*

5° Le *conditionnel antérieur*, formé à l'aide du condi
tionnel simple de l'auxiliaire. Ex. : *j'aurais écrit ; j*
serais venu ;

6° Le *parfait de l'impératif*, formé à l'aide du présen
de l'impératif de l'auxiliaire. Ex. : *aie écrit ; sois venu ;*

7° Le *parfait du subjonctif*, formé à l'aide du présen
du subjonctif de l'auxiliaire. Ex. : *que j'aie écrit ; que je*
sois venu ;

8° Le *plus-que-parfait du subjonctif*, formé à l'aide de
l'imparfait du subjonctif de l'auxiliaire. Ex. : *que j'eusse*
écrit ; que je fusse venu ;

9° Le *parfait de l'infinitif*, formé à l'aide du présent
de l'infinitif de l'auxiliaire. Ex. : *avoir écrit ; être venu ;*

10° Le *parfait du participe*, formé à l'aide du participe présent de l'auxiliaire. Ex. : *ayant écrit ; étant venu.*

1. Verbe **Avoir**.

§ 193. Le verbe *avoir* se conjugue de la manière sui
vante :

INDICATIF

PRÉSENT.	PARFAIT INDÉFINI.
J'ai.	J'ai eu.
Tu as.	Tu as eu.
Il a.	Il a eu.
Nous avons.	Nous avons eu.
Vous avez.	Vous avez eu.
Ils ont.	Ils ont eu.

IMPARFAIT.	PLUS-QUE-PARFAIT.
J'avais.	J'avais eu.
Tu avais.	Tu avais eu.
Il avait.	Il avait eu.
Nous avions.	Nous avions eu.
Vous aviez.	Vous aviez eu.
Ils avaient.	Ils avaient eu.

PARFAIT DÉFINI.	PARFAIT ANTÉRIEUR.
J'eus.	J'eus eu.
Tu eus.	Tu eus eu.
Il eut.	Il eut eu.
Nous eûmes.	Nous eûmes eu.
Vous eûtes.	Vous eûtes eu.
Ils eurent.	Ils eurent eu.

FUTUR SIMPLE.	FUTUR ANTÉRIEUR.
J'aurai.	J'aurai eu.
Tu auras.	Tu auras eu.
Il aura.	Il aura eu.
Nous aurons.	Nous aurons eu.
Vous aurez.	Vous aurez eu.
Ils auront.	Ils auront eu.

CONDITIONNEL

SIMPLE.	ANTÉRIEUR.
J'aurais.	J'aurais eu.
Tu aurais.	Tu aurais eu,
Il aurait.	Il aurait eu.
Nous aurions.	Nous aurions eu.
Vous auriez.	Vous auriez eu,
Ils auraient.	Ils auraient eu.

VERBE.

IMPÉRATIF

PARFAIT.

Aie.

Aie eu.

Ayons.

Ayons eu.

Ayez.

Ayez eu.

SUBJONCTIF

PRÉSENT.

PARFAIT.

Que j'aie.

Que j'aie eu.

Que tu aies.

Que tu aies eu.

Qu'il ait.

Qu'il ait eu.

Que nous ayons.

Que nous ayons eu.

Que vous ayez.

Que vous ayez eu.

Qu'ils aient.

Qu'ils aient eu.

IMPARFAIT.

PLUS-QUE-PARFAIT.

Que j'eusse.

Que j'eusse eu.

Que tu eusses.

Que tu eusses eu.

Qu'il eût.

Qu'il eût eu.

Que nous eussions.

Que nous eussions eu.

Que vous eussiez.

Que vous eussiez eu.

Qu'ils eussent.

Qu'ils eussent eu.

INFINITIF

PRÉSENT.

PARFAIT.

Avoir.

Avoir eu.

PARTICIPE

PRÉSENT.

PARFAIT.

PASSÉ.

Ayant.

Ayant eu.

Eu.

2. VERBE **Être**.

§ 194. Le verbe *être* se conjugue de la manière suivante :

INDICATIF

PRÉSENT.

Je suis.
Tu es.
Il est.
Nous sommes.
Vous êtes.
Ils sont.

PARFAIT INDÉFINI.

J'ai été.
Tu as été.
Il a été.
Nous avons été.
Vous avez été.
Ils ont été.

IMPARFAIT.

J'étais.
Tu étais.
Il était.
Nous étions.
Vous étiez.
Ils étaient.

PLUS-QUE-PARFAIT.

J'avais été.
Tu avais été.
Il avait été.
Nous avions été.
Vous aviez été.
Ils avaient été.

PARFAIT DÉFINI.

Je fus.
Tu fus.
Il fut.
Nous fûmes.
Vous fûtes.
Ils furent.

PARFAIT ANTÉRIEUR.

J'eus été.
Tu eus été.
Il eut été.
Nous eûmes été.
Vous eûtes été.
Ils eurent été.

FUTUR SIMPLE.	FUTUR ANTÉRIEUR.
Je serai.	J'aurai été.
Tu seras.	Tu auras été.
Il sera.	Il aura été.
Nous serons.	Nous aurons été.
Vous serez.	Vous aurez été.
Ils seront.	Ils auront été.

CONDITIONNEL

SIMPLE.	ANTÉRIEUR.
Je serais.	J'aurais été.
Tu serais.	Tu aurais été.
Il serait.	Il aurait été.
Nous serions.	Nous aurions été.
Vous seriez.	Vous auriez été.
Ils seraient.	Ils auraient été.

IMPERATIF

PRÉSENT	PARFAIT.
Sois.	Aie été.
Soyons.	Ayons été.
Soyez.	Ayez été.

SUBJONCTIF

PRÉSENT.	PARFAIT.
Que je sois.	Que j'aie été.
Que tu sois.	Que tu aies été.
Qu'il soit.	Qu'il ait été.
Que nous soyons.	Que nous ayons été.
Que vous soyez.	Que vous ayez été.
Qu'ils soient.	Qu'ils aient été.

IMPARFAIT.	PLUS-QUE-PARFAIT.
Que je fusse.	Que j'eusse été.
Que tu fusses.	Que tu eusses été.
Qu'il fût.	Qu'il eût été.
Que nous fussions.	Que nous eussions été.
Que vous fussiez.	Que vous eussiez été.
Qu'ils fussent.	Qu'ils eussent été.

INFINITIF

PRÉSENT.	PARFAIT.
Être.	Avoir été.

PARTICIPE

PRÉSENT.	PARFAIT.	PASSÉ.
Étant.	Ayant été.	Été.

SECTION IV

Verbes actifs.

§ 195. *Première conjugaison.*

INDICATIF

PRÉSENT.	IMPARFAIT.
Je chant e.	Je chant ais.
Tu chant es.	Tu chant ais.
Il chant e.	Il chant ait.
Nous chant ons.	Nous chant ions.
Vous chant ez.	Vous chant iez.
Ils chant ent.	Ils chant aient.

PARFAIT INDÉFINI.	PLUS-QUE-PARFAIT.
J'ai chanté, etc.	J'avais chanté, etc.

PARFAIT DÉFINI.	FUTUR SIMPLE.
Je chant ai.	Je chant er ai.
Tu chant as.	Tu chant er as.
Il chant a.	Il chant er a.
Nous chant âmes.	Nous chant er ons.
Vous chant âtes.	Vous chant er ez.
Ils chant èrent.	Ils chant er ont.

PARFAIT ANTÉRIEUR.	FUTUR ANTÉRIEUR.
J'eus chanté, etc.	J'aurai chanté, etc.

CONDITIONNEL
SIMPLE.

IMPÉRATIF
PRÉSENT.

Je chant er ais.	
Tu chant er ais.	Chant e.
Il chant er ait.	
Nous chant er ions.	Chant ons.
Vous chant er iez.	Chant ez.
Ils chant er aient.	

ANTÉRIEUR.	PARFAIT.
J'aurais chanté, etc.	Aie chanté, etc.

SUBJONCTIF

PRÉSENT.	IMPARFAIT.
Que je chant e.	Que je chant asse.
Que tu chant es.	Que tu chant asses.
Qu'il chant e.	Qu'il chant ât.
Que nous chant ions.	Que nous chant assions.
Que vous chant iez.	Que vous chant assiez.
Qu'ils chant ent.	Qu'ils chant assent.

PARFAIT.	PLUS-QUE-PARFAIT.
Que j'aie chanté, etc.	Que j'eusse chanté, etc.

INFINITIF

PRÉSENT.	PARFAIT.
Chant er.	Avoir chanté.

PARTICIPE

PRÉSENT.	PARFAIT.	PASSÉ.
Chant ant.	Ayant chanté.	Chant é.

§ 196. *Deuxième conjugaison.*

INDICATIF

PRÉSENT.	IMPARFAIT.
Je fin is.	Je fin iss ais.
Tu fin is.	Tu fin iss ais.
Il fin it.	Il fin iss ait.
Nous fin iss ons.	Nous fin iss ions.
Vous fin iss ez.	Vous fin iss iez.
Ils fin iss ent.	Ils fin iss aient.

PARFAIT INDÉFINI.	PLUS-QUE-PARFAIT.
J'ai fini, etc.	J'avais fini, etc.

PARFAIT DÉFINI.	FUTUR SIMPLE.
Je fin is.	Je fin ir ai.
Tu fin is.	Tu fin ir as.
Il fin it.	Il fin ir a.
Nous fin îmes.	Nous fin ir ons.
Vous fin îtes.	Vous fin ir ez.
Ils fin irent.	Ils fin ir ont.

PARFAIT ANTÉRIEUR.	FUTUR ANTÉRIEUR.
J'eus fini, etc.	J'aurai fini, etc.

CONDITIONNEL

SIMPLE.

Je   fin ir ais.
Tu   fin ir ais.
Il   fin ir ait.
Nous   fin ir ions.
Vous   fin ir iez.
Ils   fin ir aient.

ANTÉRIEUR.

J'aurais fini, etc.

IMPÉRATIF

PRÉSENT.

Fin is.

Fin iss ons.
Fin iss ez.

PARFAIT.

Aie fini, etc.

SUBJONCTIF

PRÉSENT.

Que je   fin iss e.
Que tu   fin iss es.
Qu'il   fin iss e.
Que nous fin iss ions.
Que vous fin iss iez.
Qu'ils   fin iss ent.

PARFAIT.

Que j'aie fini, etc.

IMPARFAIT.

Que je   fin iss e.
Que tu   fin iss es.
Qu'il   fin ît.
Que nous fin iss ions.
Que vous fin iss iez.
Qu'ils   fin iss ent.

PLUS-QUE-PARFAIT.

Que j'eusse fini, etc.

INFINITIF

PRÉSENT.

Fin ir.

PARFAIT.

Avoir fini.

PARTICIPE

PRÉSENT.

Fin iss ant.

PARFAIT.

Ayant fini.

PASSÉ.

Fin i.

§ 197. *Troisième conjugaison.*

INDICATIF

PRÉSENT.

Je   reç oi s.
Tu   reç oi s.
Il   reç oi t.
Nous rec ev ons.
Vous rec ev ez.
Ils   reç oiv ent.

IMPARFAIT.

Je   rec ev ais.
Tu   rec ev ais.
Il   rec ev ait.
Nous rec ev ions.
Vous rec ev iez.
Ils   rec ev aient.

PARFAIT INDÉFINI.

J'ai reçu, etc.

PLUS-QUE-PARFAIT.

J'avais reçu, etc.

PARFAIT DÉFINI.

Je   reç us.
Tu   reç us.
Il   reç ut.
Nous reç ûmes.
Vous reç ûtes.
Ils   reç urent.

FUTUR SIMPLE.

Je   rec ev r ai.
Tu   rec ev r as.
Il   rec ev r a.
Nous rec ev r ons.
Vous rec ev r ez.
Ils   rec ev r ont.

PARFAIT ANTÉRIEUR.

J'eus reçu, etc.

FUTUR ANTÉRIEUR.

J'aurai reçu, etc.

CONDITIONNEL

SIMPLE.

Je   rec ev r ais.
Tu   rec ev r ais.
Il   rec ev r ait.
Nous rec ev r ions.
Vous rec ev r iez.
Ils   rec ev r aient.

IMPÉRATIF

PRÉSENT.

Reç oi s.

Rec ev ons.
Rec ev ez.

3.

ANTÉRIEUR.	PARFAIT.
J'aurais reçu, etc.	Aie reçu, etc.

SUBJONCTIF

PRÉSENT.		IMPARFAIT.	
Que je	reç oiv e.	Que je	reç usse.
Que tu	reç oiv es.	Que tu	reç usses.
Qu'il	reç oiv e.	Qu'il	reç ût.
Que nous	rec ev ions.	Que nous	reç ussions.
Que vous	rec ev iez.	Que vous	reç ussiez.
Qu'ils	reç oiv ent.	Qu'ils	reç ussent.

PARFAIT.	PLUS-QUE-PARFAIT.
Que j'aie reçu, etc.	Que j'eusse reçu, etc.

INFINITIF

PRÉSENT.	PARFAIT.
Rec ev oir.	Avoir reçu.

PARTICIPE

PRÉSENT.	PARFAIT.	PASSÉ.
Rec ev ant.	Ayant reçu.	Reç u.

§ 198. *Quatrième conjugaison.*

INDICATIF

PRÉSENT.		IMPARFAIT.	
Je	romp s.	Je	romp ais.
Tu	romp s.	Tu	romp ais.
Il	romp t.	Il	romp ait.
Nous	romp ons.	Nous	romp ions.
Vous	romp ez.	Vous	romp iez.
Ils	romp ent.	Ils	romp aient.

PARFAIT INDÉFINI.	PLUS-QUE-PARFAIT.
J'ai rompu, etc.	J'avais rompu, etc.

PARFAIT DÉFINI.		FUTUR SIMPLE.	
Je	romp is.	Je	romp r ai.
Tu	romp is.	Tu	romp r as.
Il	romp it.	Il	romp r a.
Nous	romp îmes.	Nous	romp r ons.
Vous	romp îtes.	Vous	romp r ez.
Ils	romp irent.	Ils	romp r ont.

PARFAIT ANTÉRIEUR.	FUTUR ANTÉRIEUR.
J'eus rompu, etc.	J'aurai rompu, etc.

CONDITIONNEL

SIMPLE.

Je	romp r ais.
Tu	romp r ais.
Il	romp r ait.
Nous	romp r ions.
Vous	romp r iez.
Ils	romp r aient.

ANTÉRIEUR.

J'aurais rompu, etc.

IMPÉRATIF

PRÉSENT.

Romp s.

Romp ons.

Romp ez.

PARFAIT.

Aie rompu, etc.

SUBJONCTIF

PRÉSENT.

Que je	romp e.
Que tu	romp es.
Qu'il	romp e.
Que nous	romp ions.
Que vous	romp iez.
Qu'ils	romp ent.

IMPARFAIT.

Que je	romp isse.
Que tu	romp isses.
Qu'il	romp ît.
Que nous	romp issions.
Que vous	romp issiez.
Qu'ils	romp issent.

PARFAIT.	PLUS-QUE-PARFAIT.
Que j'aie rompu, etc.	Que j'eusse rompu, etc.

INFINITIF

PRÉSENT.	PARFAIT.
Romp re.	Avoir rompu.

PARTICIPE

PRÉSENT.	PARFAIT.	PASSÉ.
Romp ant.	Ayant rompu.	Romp u.

§ 199. Pour conjuguer un verbe interrogativement, il suffit de placer le sujet après le verbe dans les temps simples, et entre l'auxiliaire et le participe dans les temps composés. Ex. : **Chantez**-*vous* ? **Avez**-*vous* reçu *hier* ?

§ 200. Quand la première personne du singulier se termine par une syllabe muette, cette syllabe devient accentuée dans la forme interrogative. Ex. : *aimé-je ? puissé-je ?*

§ 201. Pour conjuguer un verbe dans la forme négative, on place *ne* entre le pronom et le verbe et *pas* ou *point* après le verbe dans les temps simples. Ex. : *Je* **ne** *romps* **pas** ; *je* **ne** *chanterai* **point**. Dans les temps composés on place *ne* entre le pronom et l'auxiliaire, et *pas* ou *point* entre l'auxiliaire et le participe. Ex. : *Je* **n'avais** **pas** *fini* ; *je* **n'ai** **point** *reçu de lettre*.

SECTION V

Verbes passifs.

§ 202. Les verbes passifs sont ceux qui indiquent que l'action est soufferte par le sujet. Tout verbe actif peut devenir passif. Ex. : *J'ai* **chanté** *cette romance. Cette romance* **a été chantée** *par moi.*

§ 203. Les verbes passifs se conjuguent dans toutes leurs formes avec l'auxiliaire *être*.

§ 204. *Conjugaison du verbe passif* **Être aimé.**

INDICATIF

PRÉSENT.

Je suis aimé.
Tu es aimé.
Il est aimé.
Nous sommes aimés.
Vous êtes aimés.
Ils sont aimés.

PARFAIT INDÉFINI.

J'ai été aimé.
Tu as été aimé.
Il a été aimé.
Nous avons été aimés.
Vous avez été aimés.
Ils ont été aimés.

IMPARFAIT.

J'étais aimé.
Tu étais aimé.
Il était aimé.
Nous étions aimés.
Vous étiez aimés.
Ils étaient aimés.

PLUS-QUE-PARFAIT.

J'avais été aimé.
Tu avais été aimé.
Il avait été aimé.
Nous avions été aimés.
Vous aviez été aimés.
Ils avaient été aimés.

PARFAIT DÉFINI.

Je fus aimé.
Tu fus aimé.
Il fut aimé.
Nous fûmes aimés.
Vous fûtes aimés.
Ils furent aimés.

PARFAIT ANTÉRIEUR.

J'eus été aimé.
Tu eus été aimé.
Il eut été aimé.
Nous eûmes été aimés.
Vous eûtes été aimés.
Ils eurent été aimés.

FUTUR SIMPLE.

Je serai aimé.
Tu seras aimé.
Il sera aimé.
Nous serons aimés.
Vous serez aimés.
Ils seront aimés.

FUTUR ANTÉRIEUR.

J'aurai été aimé.
Tu auras été aimé.
Il aura été aimé.
Nous aurons été aimés.
Vous aurez été aimés.
Ils auront été aimés.

CONDITIONNEL

SIMPLE.	ANTÉRIEUR.
Je serais aimé.	J'aurais été aimé.
Tu serais aimé.	Tu aurais été aimé.
Il serait aimé.	Il aurait été aimé.
Nous serions aimés.	Nous aurions été aimés.
Vous seriez aimés.	Vous auriez été aimés.
Ils seraient aimés.	Ils auraient été aimés.

IMPÉRATIF

PRÉSENT.	PARFAIT.
Sois aimé.	Aie été aimé.
Soyons aimés.	Ayons été aimés.
Soyez aimés.	Ayez été aimés.

SUBJONCTIF

PRÉSENT.	PARFAIT.
Que je sois aimé.	Que j'aie été aimé.
Que tu sois aimé.	Que tu aies été aimé.
Qu'il soit aimé.	Qu'il ait été aimé.
Que nous soyons aimés.	Que nous ayons été aimés.
Que vous soyez aimés.	Que vous ayez été aimés.
Qu'ils soient aimés.	Qu'ils aient été aimés.

IMPARFAIT.	PLUS-QUE-PARFAIT.
Que je fusse aimé.	Que j'eusse été aimé.
Que tu fusses aimé.	Que tu eusses été aimé.
Qu'il fût aimé.	Qu'il eût été aimé.
Que nous fussions aimés.	Que nous eussions été aimés.
Que vous fussiez aimés.	Que vous eussiez été aimés.
Qu'ils fussent aimés.	Qu'ils eussent été aimés.

INFINITIF

PRÉSENT.	PARFAIT.
Être aimé.	Avoir été aimé.

PARTICIPE

PRÉSENT.	PARFAIT.
Étant aimé.	Ayant été aimé.

SECTION VI

Verbes neutres.

§ 205. Les verbes neutres se conjuguent les uns avec l'auxiliaire *être*, les autres avec l'auxiliaire *avoir*, comme le montrera la syntaxe. Les verbes neutres qui prennent l'auxiliaire *avoir* n'offrent pas de différence avec les verbes actifs. Le participe des verbes neutres conjugués avec *être* s'accorde toujours avec le sujet du verbe. Voici un exemple d'un verbe neutre conjugué avec l'auxiliaire *être* :

§ 206. *Conjugaison du verbe neutre* **Arriver.**

INDICATIF

PRÉSENT.	PARFAIT INDÉFINI.
J'arrive.	Je suis arrivé.
Tu arrives.	Tu es arrivé.
Il arrive.	Il est arrivé.
Nous arrivons.	Nous sommes arrivés.
Vous arrivez.	Vous êtes arrivés.
Ils arrivent.	Ils sont arrivés.

IMPARFAIT.	PLUS-QUE-PARFAIT.
J'arrivais.	J'étais arrivé.
Tu arrivais.	Tu étais arrivé.
Il arrivait.	Il était arrivé.
Nous arrivions.	Nous étions arrivés.
Vous arriviez.	Vous étiez arrivés.
Ils arrivaient.	Ils étaient arrivés.

PARFAIT DÉFINI.	PARFAIT ANTÉRIEUR.
J'arrivai.	Je fus arrivé.
Tu arrivas.	Tu fus arrivé.
Il arriva.	Il fut arrivé.
Nous arrivâmes.	Nous fûmes arrivés.
Vous arrivâtes.	Vous fûtes arrivés.
Ils arrivèrent.	Ils furent arrivés.

FUTUR SIMPLE.	FUTUR ANTÉRIEUR.
J'arriverai.	Je serai arrivé.
Tu arriveras.	Tu seras arrivé.
Il arrivera.	Il sera arrivé.
Nous arriverons.	Nous serons arrivés.
Vous arriverez.	Vous serez arrivés.
Ils arriveront.	Ils seront arrivés.

CONDITIONNEL

SIMPLE.	ANTÉRIEUR.
J'arriverais.	Je serais arrivé.
Tu arriverais.	Tu serais arrivé.
Il arriverait.	Il serait arrivé.
Nous arriverions.	Nous serions arrivés.
Vous arriveriez.	Vous seriez arrivés.
Ils arriveraient.	Ils seraient arrivés.

IMPÉRATIF

PRÉSENT.	PARFAIT.
Arrive.	Sois arrivé.
Arrivons.	Soyons arrivés.
Arrivez.	Soyez arrivés.

SUBJONCTIF

PRÉSENT.	PARFAIT.
Que j'arrive.	Que je sois arrivé.
Que tu arrives.	Que tu sois arrivé.
Qu'il arrive.	Qu'il soit arrivé.
Que nous arrivions.	Que nous soyons arrivés.
Que vous arriviez.	Que vous soyez arrivés.
Qu'ils arrivent.	Qu'ils soient arrivés.

IMPARFAIT.	PLUS-QUE-PARFAIT.
Que j'arrivasse.	Que je fusse arrivé.
Que tu arrivasses.	Que tu fusses arrivé.
Qu'il arrivât.	Qu'il fût arrivé.
Que nous arrivassions.	Que nous fussions arrivés.
Que vous arrivassiez.	Que vous fussiez arrivés.
Qu'ils arrivassent.	Qu'ils fussent arrivés.

INFINITIF

PRÉSENT.	PARFAIT.
Arriver.	Être arrivé.

PARTICIPE

PRÉSENT.	PARFAIT.	PASSÉ.
Arrivant.	Étant arrivé.	Arrivé.

SECTION VII

Verbes réfléchis.

§ 207. Le verbe réfléchi se conjugue avec deux pronoms de la même personne placés l'un à côté de l'autre dans la forme positive. Ex. : **Je me** *suis reposé*. De ces deux pronoms le premier est le sujet (*je*), l'autre le complément (*me*).

§ 208. Il y a deux catégories de verbes réfléchis : 1° les verbes *essentiellement* réfléchis, c'est-à-dire ceux qui le sont par nature, qui n'existent que comme verbes réfléchis. Ex. : *se lamenter, s'emparer;* et 2° les verbes *accidentellement* réfléchis, c'est-à-dire les verbes actifs ou neutres employés sous la forme réfléchie. Ex. : *se reposer, se nuire.*

§ 209. Les verbes réfléchis se conjuguent avec l'auxiliaire *être*.

§ 210. *Conjugaison du verbe réfléchi* **Se lamenter**.

INDICATIF

PRÉSENT.

Je me lamente.
Tu te lamentes.
Il se lamente.
Nous nous lamentons.
Vous vous lamentez.
Ils se lamentent.

PARFAIT INDÉFINI.

Je me suis lamenté.
Tu t'es lamenté.
Il s'est lamenté.
Nous nous sommes lamentés.
Vous vous êtes lamentés.
Ils se sont lamentés.

IMPARFAIT.

Je me lamentais.
Tu te lamentais.
Il se lamentait.
Nous nous lamentions.
Vous vous lamentiez.
Ils se lamentaient.

PLUS-QUE-PARFAIT.

Je m'étais lamenté.
Tu t'étais lamenté.
Il s'était lamenté.
Nous nous étions lamentés.
Vous vous étiez lamentés.
Ils s'étaient lamentés.

PARFAIT DÉFINI.

Je me lamentai.
Tu te lamentas.
Il se lamenta.
Nous nous lamentâmes.
Vous vous lamentâtes.
Ils se lamentèrent.

PARFAIT ANTÉRIEUR.

Je me fus lamenté.
Tu te fus lamenté.
Il se fut lamenté.
Nous nous fûmes lamentés.
Vous vous fûtes lamentés.
Ils se furent lamentés.

FUTUR SIMPLE.	FUTUR ANTÉRIEUR.
Je me lamenterai.	Je me serai lamenté.
Tu te lamenteras.	Tu te seras lamenté.
Il se lamentera.	Il se sera lamenté.
Nous nous lamenterons.	Nous nous serons lamentés.
Vous vous lamenterez.	Vous vous serez lamentés.
Ils se lamenteront.	Ils se seront lamentés.

CONDITIONNEL

SIMPLE.	ANTÉRIEUR.
Je me lamenterais.	Je me serais lamenté.
Tu te lamenterais.	Tu te serais lamenté.
Il se lamenterait.	Il se serait lamenté.
Nous nous lamenterions.	Nous nous serions lamentés.
Vous vous lamenteriez.	Vous vous seriez lamentés.
Ils se lamenteraient.	Ils se seraient lamentés.

IMPÉRATIF

PRÉSENT.	PARFAIT.
Lamente-toi.	
Lamentons-nous.	*N'existe pas.*
Lamentez-vous.	

SUBJONCTIF

PRÉSENT.	PARFAIT.
Que je me lamente.	Que je me sois lamenté.
Que tu te lamentes.	Que tu te sois lamenté.
Qu'il se lamente.	Qu'il se soit lamenté.
Que nous nous lamentions.	Que nous nous soyons lamentés.
Que vous vous lamentiez.	Que vous vous soyez lamentés.
Qu'ils se lamentent.	Qu'ils se soient lamentés.

IMPARFAIT.	PLUS-QUE-PARFAIT.
Que je me lamentasse.	Que je me fusse lamenté.
Que tu te lamentasses.	Que tu te fusses lamenté.
Qu'il se lamentât.	Qu'il se fût lamenté.
Que nous nous lamentassions.	Que nous nous fussions lamentés.
Que vous vous lamentassiez.	Que vous vous fussiez lamentés.
Qu'ils se lamentassent.	Qu'ils se fussent lamentés.

INFINITIF

PRÉSENT.	PARFAIT.
Se lamenter.	S'être lamenté.

PARTICIPE

PRÉSENT.	PARFAIT.
Se lamentant.	S'étant lamenté.

SECTION VIII

Verbes impersonnels.

§ 211. Les verbes *impersonnels* sont ainsi appelés parce qu'ils n'ont pour sujet aucune des trois personnes grammaticales. Leur sujet *il* est un pronom neutre qui indique quelque chose d'indéfini et ne doit pas être confondu avec le pronom de la troisième personne.

§ 212. Des verbes actifs, neutres ou même réfléchis peuvent s'employer impersonnellement. Ex. : *Il* **fait** *beau; il* **convient** *d'obéir; il* **se peut** *que nous venions.*

§ 213. Les verbes impersonnels sont aussi dits *unipersonnels*, parce qu'ils ne s'emploient qu'à la 3ᵉ personne du singulier. Ils prennent l'auxiliaire qui convient à la classe de verbes (actifs, neutres ou réfléchis) à laquelle ils appartiennent. Ex. : *il* **a neigé**; *il* **a fait** *beau; il* **s'en est fallu** *de peu.*

§ 214. *Conjugaison du verbe impersonnel* **Neiger.**

INDICATIF

PRÉSENT.	PARFAIT INDÉFINI.
Il neige.	Il a neigé.

IMPARFAIT.	PLUS-QUE-PARFAIT.
Il neigeait.	Il avait neigé.

PARFAIT DÉFINI.	PARFAIT ANTÉRIEUR.
Il neigea.	Il eut neigé.

FUTUR SIMPLE.	FUTUR ANTÉRIEUR.
Il neigera.	Il aura neigé.

CONDITIONNEL

SIMPLE.	ANTÉRIEUR.
Il neigerait.	Il aurait neigé.

SUBJONCTIF

PRÉSENT.	PARFAIT.
Qu'il neige.	Qu'il ait neigé.

IMPARFAIT.	PLUS-QUE-PARFAIT.
Qu'il neigeât.	Qu'il eût neigé.

INFINITIF

PRÉSENT.	PARFAIT.
Neiger.	Avoir neigé.

PARTICIPE PASSÉ INVARIABLE.

Neigé.

§ 215. Les verbes impersonnels n'ont ni impératif, ni participe présent.

SECTION IX

Verbes dits irréguliers.

§ 216. On appelle généralement verbes *irréguliers* ceux qui ne se conjuguent pas comme le verbe modèle de la conjugaison à laquelle ils appartiennent. Nous nous conformerons à l'usage pour cette appellation qui est impropre dans le plus grand nombre des cas, la plupart de ces irrégularités apparentes s'expliquant par des raisons historiques.

1. Première conjugaison.

§ 217. Les verbes dont le radical est terminé par un *c* prennent une cédille sous le *c* devant les voyelles *a*, *o*, afin de lui conserver le son doux qu'il a à l'infinitif. Ex. : *avancer; nous avançons, il avança.*

§ 218. Les verbes dont le radical est terminé par un *g* prennent un *e* après ce *g*, lorsque la terminaison commence par une des voyelles *a*, *o*, afin de lui conserver le son doux qu'il a à l'infinitif. Ex. : *manger; nous mangeons; il mangea.*

§ 219. Les verbes dont le radical est terminé par *oy* ou *uy* changent l'*y* en *i* devant toutes les terminaisons commençant par un *e* muet. Ex. : *employer, j'emploierai; essuyer, j'essuie,* etc.

§ 220. Les verbes dont le radical est terminé par *ay* ou *ey* conservent, en général, leur *y* à tous les temps du verbe. Cependant l'Académie laisse le choix entre les formes *paye* ou *paie : payerai, paierai* ou *paîrai.*

§ 221. Il y a des verbes qui, sans être rangés dans les verbes irréguliers, présentent des changements plus notables que les précédents, en ce sens qu'ils n'affectent pas seulement l'orthographe, mais aussi la prononciation.

§ 222. Les verbes qui contiennent un *e* muet dans la dernière syllabe du radical prononcent cet *e* lorsqu'il est accentué ou lorsqu'il ne précède pas immédiatement la syllabe accentuée. Ex. : *mener; je mène, je mènerai.*

Pour indiquer que cet *e* accentué est ouvert, la langue emploie deux moyens. Tantôt elle place un accent grave sur cet *e*, comme dans *mène*, *crève ;* tantôt elle redouble la consonne qui le suit, comme dans *appelle*, *chancelle*.

§ 223. Les verbes qui contiennent un *e* fermé dans la dernière syllabe du radical prononcent cet *e* ouvert lorsqu'il est accentué ou lorsqu'il ne précède pas immédiatement la syllabe accentuée. Par une inconséquence bizarre, l'Académie, qui prescrit de rendre cet *e* ouvert par un *è* dans le premier cas, le rend par un *é* dans le second, quoique la prononciation soit la même dans *j'abrège*, par exemple, que dans *j'abrégerai*.

§ 224. La première conjugaison n'a que deux verbes irréguliers : *envoyer* et *aller*.

§ 225. **Envoyer** n'est irrégulier qu'au futur et au conditionnel : *j'enverrai*, *j'enverrais*.

§ 226. Le verbe **aller** est un verbe composite, formé de plusieurs radicaux différents. Voici sa conjugaison : *Ind. prés.* : je vais, tu vas, il va, nous allons, vous allez, ils vont. — *Imparf.* : j'allais. — *Parf. défini :* j'allai. — *Futur :* j'irai. — *Cond. :* j'irais. — *Impér. :* va (vas-y), allons, allez. — *Subj. prés. :* que j'aille, que nous allions, qu'ils aillent. — *Imparf. :* que j'allasse. — *Part. :* allant, allé.

2. SECONDE CONJUGAISON.

§ 227. La plus grande partie des verbes de la seconde conjugaison se conforment au modèle que nous avons donné, c'est-à-dire qu'ils intercalent entre le radical et la terminaison dans un grand nombre de temps la syllabe *iss* qu'ils ont empruntée aux verbes inchoatifs latins en ESCERE ou ISCERE. C'est sur ce type que se conjuguent les dérivés nouveaux.

§ 228. Trois verbes seulement de cette catégorie donnent lieu à des observations :

§ 229. **Bénir** a deux participes passés : *bénit, bénite,* quand il s'agit de la bénédiction des prêtres : *pain* **bénit,** *eau* **bénite;** et *béni, bénie,* dans tous les autres cas : *heure* **bénie.**

§ 230. **Fleurir,** à côté de ses formes régulières, a un imparfait *florissait* et un participe présent *florissant* qui s'emploient au figuré.

§ 231. Le verbe **haïr** fait aux trois personnes du singulier de l'indicatif : je *hais,* tu *hais,* il *hait,* et à la seconde personne de l'impératif : *hais.*

§ 232. Les verbes de la seconde conjugaison qui ne se forment pas à l'aide d'un inchoatif latin se divisent en trois classes d'après la forme de leur parfait défini.

§ 233. La première classe a le parfait défini *is.* Ex. : *je dorm***is,** *je part***is,** etc., et se partage en trois subdivisions d'après la forme du participe passé.

§ 234. La première subdivision a le participe en *i,* et comprend les verbes suivants : *bouillir, cueillir, dormir, faillir, fuir, mentir, ouïr, partir, se repentir, servir, sortir, tressaillir,* et leurs composés. Ex. : *je serv***is,** *serv***i**; *je sort***is,** *sort***i.**

§ 235. La seconde subdivision a le participe en *u* et comprend les deux verbes *vêtir* et *férir,* qui font *vêt***u** et *fér***u.**

§ 236. La troisième subdivision, qui comprend les verbes *acquérir, conquérir, requérir, couvrir, ouvrir, offrir, souffrir,* a des participes dans lesquels le radical même du verbe est accentué.

§ 237. La seconde classe a le parfait défini en *us.* Elle comprend deux subdivisions.

§ 238. La première subdivision a le participe en *u* et comprend les verbes *courir* (part. *cour***u**) et *gésir* (qui avait anciennement le participe *gé***u**).

§ 239. La seconde subdivision comprend le verbe *mourir* qui a le participe *mort*, du latin MORTUUM.

§ 240. La troisième classe a le parfait défini accentué sur le radical et le participe passé en *u*. Elle comprend les verbes *tenir* (*je tins, tenu*), et *venir* (*je vins, venu*).

§ 241. Voici l'indication des formes irrégulières de tous ces verbes :

§ 242. **Acquérir.** — *Ind. prés. :* j'acquiers, il acquiert, nous acquérons, ils acquièrent. — *Imparf. :* j'acquérais, etc., nous acquérions. — *Parf. déf. :* j'acquis, etc., nous acquîmes. — *Fut. :* j'acquerrai, nous acquerrons, ils acquerront. — *Subj. prés. :* que j'acquière, qu'il acquière, que nous acquérions, qu'ils acquièrent. — *Imparf. :* que j'acquisse, que nous acquissions. — *Part. :* acquérant, acquis.

§ 243. **Assaillir.** — *Ind. prés. :* j'assaille, nous assaillons. — *Imparf. :* j'assaillais. — *Parf. déf. :* j'assaillis. — *Fut. :* j'assaillirai. — *Impér. :* assaille, assaillons. — *Subj. prés. :* que j'assaille. — *Imparf. :* que j'assaillisse. — *Part. :* assaillant, assailli.

§ 244. **Bouillir.** — *Ind. prés. :* je bous, tu bous, il bout, nous bouillons, vous bouillez, ils bouillent. — *Imparf. :* je bouillais, etc., nous bouillions, etc. — *Parf. déf. :* je bouillis, etc., nous bouillîmes, etc. — *Fut. :* je bouillirai, etc., nous bouillirons, etc. — *Impér. :* bous, bouillons, bouillez. — *Subj. prés. :* que je bouille, qu'il bouille, que nous bouillions, qu'ils bouillent. — *Imparf. :* que je bouillisse, etc., que nous bouillissions, etc. — *Part. :* bouillant, bouilli.

§ 245. **Conquérir** se conjugue comme *Acquérir*.

§ 246. **Courir.** — *Ind. prés. :* je cours, tu cours, il court, nous courons, vous courez, ils courent. — *Imparf. :* je courais. — *Parf. déf. :* je courus. — *Fut. :* je courrai. — *Impér. :* cours, courons, courez. — *Subj. prés. :* que je coure, qu'il coure, que nous courions, qu'ils courent. — *Imparf.* : que je courusse, que nous courussions. — *Part.* : courant, couru.

Sur *courir* se conjuguent les composés suivants : *accourir, concourir, discourir, parcourir, recourir* et *secourir*.

§ 247. **Couvrir** se conjugue comme *Ouvrir*.

§ 248. **Cueillir.** — *Ind. prés.* : je cueille, nous cueillons, vous cueillez. — *Imparf.* : je cueillais, nous cueillions. — *Parf. déf.* : je cueillis. — *Fut.* : je cueillerai. — *Impér.* : cueille, cueillons, cueillez. — *Subj. prés.* : que je cueille. — *Imparf.* : que je cueillisse. — *Part.* : cueillant, cueilli.

Sur *cueillir* se conjuguent *accueillir* et *recueillir*.

§ 249. **Découvrir** se conjugue comme *Ouvrir*.

§ 250. **Dormir.** — *Ind. prés.* : je dors, tu dors, il dort, nous dormons, vous dormez, ils dorment. — *Imparf.* : je dormais. — *Parf. déf.* : je dormis. — *Fut.* : je dormirai. — *Impér.* : dors, dormons, dormez. — *Subj. prés.* : que je dorme. — *Imparf.* : que je dormisse. — *Part.* : dormant, dormi.

§ 251. **Faillir.** — *Ind. prés.* : je faux, tu faux, il faut, nous faillons, vous faillez, ils faillent. — *Imparf.* : je faillais, tu faillais, il faillait, nous faillions, vous failliez, ils faillaient. — *Parf. déf.* : je faillis, etc., nous faillîmes, etc. — *Fut.* : je faillirai, etc., nous faillirons, etc. — *Impér.* : faille, faillez. — *Subj. prés.* : que je faille, que nous faillions, etc. — *Imparf.* : que je faillisse, etc., que nous faillissions, etc. — *Part.* : faillant, failli.

Sur *faillir* se conjugue le composé *défaillir*.

§ 252. **Férir** (du latin FERIRE) ne s'emploie plus qu'à l'infinitif dans la locution *sans coup* **férir** et au participe *féru* : **féru** *d'amour*.

§ 253. **Fuir.** — *Ind. prés.* : je fuis, tu fuis, il fuit, nous fuyons, vous fuyez, ils fuient. — *Imparf.* : je fuyais, etc., nous fuyions, etc. — *Parf. déf.* : je fuis, etc., nous fuîmes, etc. — *Fut.* : je fuirai, etc., nous fuirons, etc. — *Impér.* : fuis, fuyons, fuyez. — *Subj. prés.* : que je fuie, etc., que nous fuyions, que vous fuyiez, qu'ils fuient. — *Imparf.* : que je fuisse, etc., que nous fuissions, etc. — *Part.* : fuyant, fui.

Sur *fuir* se conjugue le composé *s'enfuir*.

§ 254. **Gésir** (être couché) n'est plus en usage à l'infinitif ; on emploie seulement : *il gît, nous gisons, ils gisent ; il gisait ; gisant.*

§ 255. **Issir** (sortir) n'est plus usité qu'au participe passé *issu.*

§ 256. **Mentir**. — *Ind. prés.* : je mens, tu mens, il ment, nous mentons, vous mentez, ils mentent. — *Imparf.* : je mentais. — *Parf. déf.* : je mentis. — *Fut.* : je mentirai. — *Impér.* : mens, mentons, mentez. — *Subj. prés.* : que je mente. — *Imparf.* : que je mentisse. — *Part.* : mentant, menti.

§ 257. **Mourir**. — *Ind. prés.* : je meurs, il meurt, nous mourons, ils meurent. — *Imparf.* : je mourais, etc. nous mourions, etc. — *Parf. déf.* : je mourus, etc., nous mourûmes, etc. — *Fut.* : je mourrai, etc., nous mourrons, etc. — *Impér.* : meurs, etc. — *Subj. prés.* : que je meure, etc. ; que nous mourions, qu'ils meurent. — *Imparf.* : que je mourusse. — *Part.* : mourant, mort.

§ 258. **Offrir**. — *Ind. prés.* : j'offre, etc., nous offrons, etc. — *Imparf.* : j'offrais, etc. — *Parf. déf.* : j'offris, etc., nous offrîmes, etc. — *Fut.* : j'offrirai, etc. — *Cond. prés.* : j'offrirais. — *Impér.* : offre, offrons, offrez. — *Subj. prés.* : que j'offre, etc., que nous offrions. — *Imparf.* : que j'offrisse. — *Part.* : offrant, offert.

§ 259. **Ouïr**. — Ce verbe n'est usité qu'à l'*inf. prés.* : ouïr ; au *part. pass.* : ouï ; au *parf. déf.* : j'ouïs, tu

ouïs, etc. ; à l'*imparf. du subj.* : que j'ouïsse, que tu
ouïsses, etc.

§ 260. **Ouvrir.** — *Ind. prés.* : j'ouvre, nous ouvrons.
— *Imparf.* : j'ouvrais. — *Parf. déf.* : j'ouvris. — *Fut.* :
j'ouvrirai. — *Impér.* : ouvre, ouvrons, ouvrez. — *Subj.
prés.* : que j'ouvre. — *Imparf.* : que j'ouvrisse. —
Part. : ouvrant, ouvert.

§ 261. **Partir.** — *Ind. prés.* : je pars, tu pars, il part,
nous partons. — *Imparf.* : je partais. — *Parf. déf.* :
je partis. — *Fut.* : je partirai. — *Impér.* : pars, partons, partez. — *Subj. prés.* : que je parte. — *Imparf.* :
que je partisse. — *Part.* : partant, parti.

§ 262. **Quérir** ne s'emploie qu'à l'infinitif.

§ 263. **Se repentir** se conjugue comme *mentir*.

§ 264. **Requérir** se conjugue comme *acquérir*.

§ 265. **Saillir** (être proéminent). — *Ind. prés.* : il saille.
— *Imparf.* : il saillait. — *Fut.* : il saillera. — *Subj.
prés.* : qu'il saille. — *Imparf.* : qu'il saillît. — *Part.
prés.* : saillant. — Au sens de jaillir, *saillir* se conjugue
comme *finir*.

§ 266. **Sentir** se conjugue comme *mentir*.

§ 267. **Servir.** — *Ind. prés.* : je sers, tu sers, il sert,
nous servons, vous servez, ils servent. — *Imparf.* : je
servais. — *Parf. déf.* : je servis. — *Fut.* : je servirai. —
Impér. : sers, servons. — *Subj. prés.* : que je serve. —
Imparf. : que je servisse. — *Part.* : servant, servi.

§ 268. **Sortir.** — *Ind. prés.* : je sors, tu sors, il sort,
nous sortons, vous sortez, ils sortent. — *Imparf.* : je
sortais. — *Parf. déf.* : je sortis. — *Fut.* : je sortirai. —
Impér. : sors, sortons. — *Subj. prés.* : que je sorte.
— *Imparf.* : que je sortisse. — *Part.* : sortant, sorti.

§ 269. **Souffrir** se conjugue comme *offrir*.

§ 270. **Tenir.** — *Ind. prés.* : je tiens, tu tiens, il tient,
nous tenons, vous tenez, ils tiennent. — *Imparf.* : je te-

nais, etc.; nous tenions. — *Parf. déf.* : je tins, tu tins, il tint, nous tînmes, vous tîntes, ils tinrent. — *Fut.* : je tiendrai, etc. — *Subj. prés.* : que je tienne, qu'il tienne, que nous tenions, qu'ils tiennent. — *Imparf.* : que je tinsse, qu'il tînt, que nous tinssions, qu'ils tinssent. — *Part.* : tenant, tenu.

§ 271. **Tressaillir.** — *Ind. prés.* : je tressaille, tu tressailles, il tressaille, nous tressaillons, vous tressaillez, ils tressaillent. — *Imparf.* : je tressaillais, etc., nous tressaillions, etc. — *Parf. déf.* : je tressaillis, etc., nous tressaillîmes, etc. — *Fut.* : je tressaillirai, etc., nous tressaillirons, etc. — *Impér.* : tressaille, tressaillons, tressaillez. — *Subj. prés.* : que je tressaille, etc., que nous tressaillions, etc. — *Imparf.* : que je tressaillisse, etc., que nous tressaillissions, etc. — *Part.* : tressaillant, tressailli.

§ 272. **Venir** se conjugue comme *tenir.*

§ 273. **Vêtir.** — *Ind. prés.* : je vêts, tu vêts, il vêt, nous vêtons, vous vêtez, ils vêtent. — *Imparf.* : je vêtais, etc., nous vêtions, etc. — *Parf. déf.* : je vêtis, etc., nous vêtîmes, etc. — *Fut.* : je vêtirai, etc., nous vêtirons, etc. — *Impér.* : vêts, vêtons, vêtez. — *Subj. prés.* : que je vête, etc., que nous vêtions, etc. — *Imparf.* : que je vêtisse. — *Part.* : vêtant, vêtu.

3. TROISIÈME CONJUGAISON.

§ 274. Six verbes de cette conjugaison suivent le paradigme que nous avons donné § 197. Ce sont cinq composés du verbe latin CAPERE: *apercevoir, concevoir, décevoir, percevoir, recevoir,* et le verbe *devoir* (latin DEBERE).

§ 275. Les autres verbes de la troisième conjugaison, qui seront étudiés ci-dessous, ont leur parfait défini, les uns en *us* (je sus, je mus), les autres en *is* (j'assis).

4.

§ 276. Apparoir ne s'emploie qu'à la troisième personne du singulier du présent de l'indicatif : *il appert.*

§ 277. Asseoir. — *Ind. prés.* : j'assieds, tu assieds, il assied, nous asseyons, vous asseyez, ils asseyent. — *Imparf.* : j'asseyais, etc., nous asseyions, etc. — *Parf. déf.* : j'assis, etc., nous assîmes, etc. — *Fut.* : j'assiérai, etc., nous assiérons, etc.; on dit aussi : j'asseyerai, etc., nous asseyerons, etc. — *Impér.* : assieds, asseyons, asseyez. — *Subj. prés.* : que j'asseye, etc., que nous asseyions, que vous asseyiez, qu'ils asseyent. — *Imparf.* : que j'assisse, etc., que nous assissions, etc. — *Part.* : asseyant, assis.

§ 278. Avoir. Voir les tableaux des verbes auxiliaires.

§ 279. Chaloir (verbe impersonnel) ne s'emploie plus qu'au présent de l'indicatif : *il chaut.*

§ 280. Choir ne s'emploie plus qu'à l'infinitif, aux trois personnes du singulier du présent de l'indicatif : *je chois, tu chois, il choit,* et au participe *chu.*

§ 281. Comparoir a le parfait défini *comparus* et le participe passé *comparu,* donnés généralement aujourd'hui comme des temps de *comparaître.*

§ 282. Déchoir. — *Ind. prés.* : je déchois, nous déchoyons, ils déchoient. — *Imparf.* : je déchoyais. — *Parf. déf.* : je déchus, etc., nous déchûmes, etc. — *Fut.* : je décherrai, nous décherrons. — *Subj. prés.* : que je déchoie, etc., que nous déchoyions, qu'ils déchoient. — *Imparf.* : que je déchusse, etc., que nous déchussions, etc. — Point de *part. prés.* — *Part. passé* : déchu.

§ 283. Échoir n'est usité qu'aux temps suivants : *Ind. prés.* : il échoit ou échet. — *Parf. déf.* : j'échus. — *Fut.* : j'écherrai. — *Cond.* : j'écherrais. — *Imparf. du subj.* : que j'échusse. — *Part.* : échéant, échu.

§ 284. Falloir. — *Ind. prés.* : il faut. — *Imp.* : il fallait. — *Parf. déf.* : il fallut. — *Fut.* : il faudra. — *Subj.*

prés. : qu'il faille. — *Imparf.* : qu'il fallût. — *Part. passé* : fallu.

§ 285. **Mouvoir.** — *Ind. prés.* : je meus, tu meus, il meut, nous mouvons, vous mouvez, ils meuvent. — *Imparf.* : je mouvais. — *Parf. déf.* : je mus. — *Fut.* : je mouvrai. — *Impér.* : meus, mouvons, mouvez. — *Subj. prés.* : que je meuve. — *Imparf.* : que je musse. — *Part.* : mouvant, mû.

§ 286. **Pleuvoir.** — *Ind. prés.* : il pleut. — *Imparf.* : il pleuvait. — *Parf. déf.* : il plut. — *Fut.* : il pleuvra. — *Subj. prés.* : qu'il pleuve. — *Imp.* : qu'il plût. — *Part. passé* : plu.

§ 287. **Pourvoir** se conjugue comme *voir*, sauf aux temps suivants : *Parf. déf.* : je pourvus. — *Imparf. subj.* : que je pourvusse. — *Fut.* : je pourvoirai. — *Cond.* : je pourvoirais.

§ 288. **Pouvoir.** — *Ind. prés.* : je puis ou je peux, tu peux, il peut, nous pouvons, vous pouvez, ils peuvent. — *Imparf.* : je pouvais. — *Parf. déf.* : je pus. — *Futur* : je pourrai. — Pas d'*impératif*. — *Subj.* : que je puisse. — *Imparf.* : que je pusse. — *Part.* : pouvant, pu.

§ 289. **Prévaloir** se conjugue comme *valoir*, excepté au présent du subjonctif : que je prévale, etc.

§ 290. **Promouvoir** se conjugue comme *mouvoir*, mais n'est guère usité qu'à l'infinitif et au participe passé *promu*.

§ 291. **Savoir.** — *Ind. prés.* : Je sais, tu sais, il sait, nous savons, vous savez, ils savent. — *Imparf.* : je savais. — *Parf. déf.* : je sus. — *Fut.* : je saurai. — *Impér.* : sache, sachons, sachez. — *Subj. prés.* : que je sache. — *Imparf.* : que je susse, que nous sussions. — *Part.* : sachant, su.

§ 292. **Seoir** n'a d'usité que les formes suivantes :

Ind. prés. : je sieds, tu sieds, il sied, nous seyons, vous seyez, ils siéent. — *Imparf.* : il seyait, ils seyaient. — *Fut.* : il siéra, ils siéront. — *Subj. prés.* : qu'ils siéent. — *Part. prés.* : seyant.

§ 293. **Surseoir.** — *Ind. prés.* : je sursois, tu sursois, il sursoit, nous sursoyons, vous sursoyez, ils sursoient. — *Imparf.* : je sursoyais. — *Parf. déf.* : je sursis. — *Fut.* : je surseoirai. — *Cond.* : je surseoirais. — *Imparf. du subj.* : que je sursisse. Les autres temps ne sont pas usités.

§ 294. **Valoir.** — *Ind. prés.* : je vaux, tu vaux, il vaut, nous valons. — *Imparf.* : je valais. — *Parf. déf.* : je valus. — *Fut.* : je vaudrai. — *Impér.* : vaux, valez. — *Subj. prés.* : que je vaille, que nous vallions, qu'ils vaillent. — *Imparf.* : que je valusse. — *Part.* : valant, valu.

§ 295. **Voir.** — *Ind. prés.* : je vois, tu vois, il voit, nous voyons, vous voyez, ils voient. — *Imparf.* : je voyais. — *Parf. déf.* : je vis. — *Futur* : je verrai. — *Impér.* : vois, voyons. — *Subj. prés.* : que je voie, que tu voies, qu'il voie, que nous voyions, que vous voyiez, qu'ils voient. — *Imparf.* : que je visse. — *Part.* : voyant, vu.

§ 296. **Vouloir.** — *Ind. prés.* : je veux, tu veux, il veut, nous voulons, vous voulez, ils veulent. — *Imparf.* : je voulais, etc., nous voulions, etc. — *Parf. déf.* : je voulus, etc., nous voulûmes, etc. — *Fut.* : je voudrai, etc., nous voudrons, etc. — *Impér.* : veuille (veux), veuillons (voulons), veuillez (voulez). — *Subj. prés.* : que je veuille, etc., que nous voulions, que vous vouliez, qu'ils veuillent. — *Imparf.* : que je voulusse, etc., que nous voulussions, etc. — *Part.* : voulant, voulu.

4. QUATRIÈME CONJUGAISON.

§ 297. Une vingtaine seulement de verbes suivent le paradigme de cette conjugaison donné plus haut. Les autres peuvent se diviser en deux classes principales d'après la forme de leur parfait défini.

§ 298. La première classe a le parfait en *is* (peindre, *peignis* ; joindre, *joignis*), et admet deux subdivisions basées sur la forme du participe passé.

§ 299. Dans la première subdivision le participe passé s'est formé en ajoutant un *i* au radical. Ex. : suivre, *suivi*.

§ 300. La seconde subdivision a un participe dans lequel le radical même du verbe est accentué. Ex. : écrire, *écrit* ; dire, *dit;* nuire, *nui;* faire, *fait;* prendre, *pris;* naître, *né,* etc.

§ 301. La seconde classe a le parfait défini en *us* et le participe passé en *u.* Ex. : connaître, *je connus, connu;* lire, *je lus, lu ;* boire, *je bus, bu;* vivre, *je vécus, vécu.*

§ 302. Voici, par ordre alphabétique, les verbes de la quatrième conjugaison qui ne suivent pas le paradigme *rompre.*

§ 303. **Absoudre** se conjugue comme *résoudre,* sauf au participe passé qui est *absous, absoute.* Le parfait défini et l'imparfait du subjonctif sont inusités.

§ 304. **Atteindre** se conjugue comme *craindre.*

§ 305. **Boire.** — *Ind. prés. :* je bois, il boit, nous buvons, vous buvez, ils boivent. — *Imparf. :* je buvais. — *Parf. déf. :* je bus, etc., nous bûmes, etc. — *Impér. :* bois, buvons, buvez. — *Subj. prés. :* que je boive, etc., que nous buvions, que vous buviez, qu'ils boivent. — *Imparf. :* que je busse. — *Part. :* buvant, bu.

§ 306. **Braire.** — Ne s'emploie guère (dit l'Académie)

qu'à l'*infinitif*, et aux troisièmes personnes de l'*indicatif*, du *futur* et du *conditionnel* : braire, il brait, ils braient, il braira, ils brairont, il brairait, ils brairaient.

§ 307. **Bruire** n'est guère employé qu'aux temps suivants. *Ind. prés.* : il bruit. — *Imparf.* : il bruyait ou il bruissait. — *Infin.* : bruire.

§ 308. **Clore.** — Ce verbe n'a que le *participe passé* : clos; les trois personnes singulières du *prés. de l'ind.* : je clos, tu clos, il clôt; le *fut.* : je clorai, tu cloras, etc.; le *cond. prés.* : je clorais, etc., et l'*impér. sing.* : clos.

§ 309. **Conclure.** — *Ind. prés.* : je conclus, tu conclus, il conclut, nous concluons, vous concluez, ils concluent. — *Imparf.* : je concluais, etc., nous concluions, etc. — *Parf. déf.* : je conclus, etc., nous conclûmes, etc. — *Fut.* : je conclurai, etc., nous conclurons, etc. — *Impér.* : conclus, concluons, concluez. — *Subj. prés.* : que je conclue, etc., que nous concluions, que vous concluiez, qu'ils concluent. — *Imparf.* : que je conclusse, etc., que nous conclussions, etc. — *Part.* : concluant, conclu.

§ 310. **Conduire** se conjugue comme *déduire*.

§ 311. **Confire.** — *Ind. prés.* : je confis, nous confisons. — *Imparf.* : je confisais, etc., nous confisions, etc. — *Parf. déf.* : je confis, etc., nous confîmes, etc. — *Fut.* : je confirai, etc., nous confirons, etc. — *Impér.* : confis, confisons, confisez. — *Subj. prés.* : que je confise, etc., que nous confisions, etc. — *Imparf.* : inusité. — *Part.* : confisant, confit.

§ 312. **Connaître.** — *Ind. prés.* : je connais, tu connais, il connaît, nous connaissons, vous connaissez, ils connaissent. — *Imparf.* : je connaissais, etc., nous connaissions, etc. — *Parf. déf.* : je connus, etc., nous connûmes, etc. — *Fut.* : je connaîtrai, etc., nous connaîtrons, etc. — *Impér.* : connais, connaissons, connaissez. — *Subj. prés.* : que je connaisse, etc., que nous connaissions, etc. — *Imparf.* : que je connusse, etc., que nous connussions, etc. — *Part.* : connaissant, connu.

§ 313. **Construire** se conjugue comme *déduire*.

§ 314. **Contraindre** se conjugue comme *craindre*.

§ 315. **Contredire** se conjugue comme *dire*, excepté à la 2º personne du pluriel du présent de l'indicatif et de l'impératif : contredisez.

§ 316. **Coudre.** — *Ind. prés.* : je couds, tu couds, il coud, nous cousons, vous cousez, ils cousent. — *Imparf.* : je cousais, etc., nous cousions, etc. — *Parf. déf.* : je cousis, etc., nous cousîmes, etc. — *Fut.* : je coudrai, etc., nous coudrons, etc. — *Impér.* : couds, cousons, cousez. — *Subj. prés.* : que je couse, que nous cousions, etc. — *Imparf.* : que je cousisse, etc., que nous cousissions, etc. — *Part.* : cousant, cousu.

§ 317. **Craindre.** — *Ind. prés.* : je crains, tu crains, il craint, nous craignons, vous craignez, ils craignent. — *Imparf.* : je craignais. — *Parf. déf.* : je craignis. — *Futur* : je craindrai. — *Impér.* : crains, craignons, craignez. — *Subj. prés.* : que je craigne, etc. — *Imparf.* : que je craignisse. — *Part.* : craignant, craint.

§ 318. **Croire.** — *Ind. prés.* : je crois, tu crois, il croit, nous croyons, vous croyez, ils croient. — *Imparf.* : je croyais, etc., nous croyions, etc. — *Parf. déf.* : je crus, etc., nous crûmes, etc. — *Fut.* : je croirai, etc., nous croirons, etc. — *Impér.* : crois, croyons, croyez. — *Subj. prés.* : que je croie, etc., que nous croyions, que vous croyiez, qu'ils croient. — *Imparf.* : que je crusse, etc., que nous crussions, etc. — *Part.* : croyant, cru.

§ 319. **Croître.** — *Ind. prés.* : je croîs, tu croîs, il croît, nous croissons, vous croissez, ils croissent. — *Imparf.* : je croissais, etc., nous croissions, etc. — *Parf. déf.* : je crûs, etc., nous crûmes, etc. — *Fut.* : je croitrai, etc., nous croîtrons. — *Impér.* : crois, croissons, croissez. — *Subj. prés.* : que je croisse, etc., que nous croissions, etc. — *Imparf.* : que je crûsse, etc., que nous crûssions, etc. — *Part.* : croissant, crû.

§ 320. **Cuire** se conjugue comme *déduire*.

§ 321. **Dédire** se conjugue comme *dire*, excepté à la seconde personne du pluriel du présent de l'indicatif et de l'impératif : *dédisez*.

§ 322. **Déduire.** — *Ind. prés.* : je déduis, nous déduirons. — *Imparf.* : je déduisais. — *Parf. déf.* : je déduisis. — *Fut.* : je déduirai. — *Impér.* : déduis, déduisons, déduisez. — *Subj. prés.* : que je déduise. — *Imparf.* : que je déduisisse. — *Part.* : déduisant, déduit.

§ 323. **Détruire** se conjugue comme *déduire*.

§ 324. **Dire.** — *Ind. prés.* : je dis, tu dis, il dit, nous disons, vous dites, ils disent. — *Imparf.* : je disais, etc., nous disions, etc. — *Parf. déf.* : je dis, etc., nous dîmes, etc. — *Fut.* : je dirai, etc., nous dirons, etc. — *Impér.* : dis, disons, dites. — *Subj. prés.* : que je dise, etc., que nous disions, etc. — *Imparf.* : que je disse, etc., que nous dissions, etc. — *Part.* : disant, dit.

§ 325. **Dissoudre** se conjugue comme *absoudre*.

§ 326. **Duire** (convenir, plaire) ne s'emploie qu'à la 3ᵉ pers. sing. du présent de l'indicatif : *il duit*.

§ 327. **Éclore.** — N'a que les formes suivantes : *Ind. prés.* : il éclôt, ils éclosent. — *Fut.* : il éclôra, ils éclôront. — *Cond. prés.* : il éclôrait, ils éclôraient. — *Subj. prés.* : qu'il éclose, qu'ils éclosent. — *Part. pass.* : éclos.

§ 328. **Écrire.** — *Ind. prés.* : j'écris, tu écris, il écrit, nous écrivons, vous écrivez, ils écrivent. — *Imparf.* : j'écrivais, etc., nous écrivions, etc. — *Parf. déf.* : j'écrivis, etc., nous écrivîmes, etc. — *Fut.* : j'écrirai, etc., nous écrirons, etc. — *Impér.* : écris, écrivons, écrivez. — *Subj. prés.* : que j'écrive, etc., que nous écrivions, etc.

— *Imparf.* : que j'écrivisse, que nous écrivissions, etc. — *Part.* : écrivant, écrit.

§ 329. **Enduire** se conjugue comme *déduire*.

§ 330. **Enfreindre** se conjugue comme *peindre*.

§ 331. **Éteindre** se conjugue comme *peindre*.

§ 332. **Étreindre** se conjugue comme *peindre*.

§ 333. **Faire.** — *Ind. prés.* : je fais, tu fais, il fait, nous faisons, vous faites, ils font. — *Imparf.* : je faisais, etc., nous faisions, etc. — *Parf. déf.* : je fis, nous fîmes. — *Fut.* : je ferai, etc., nous ferons, etc. — *Impér.* : fais, faisons, faites. — *Subj. prés.* : que je fasse, etc., que nous fassions, etc. — *Imparf.* : que je fisse, etc., que nous fissions, etc. — *Part.* : faisant, fait.

§ 334. **Feindre** se conjugue comme *peindre*.

§ 335. **Frire.** — Ce verbe, outre le *prés. de l'inf.*, a les trois personnes du sing. du *prés. de l'ind.* : je fris, tu fris, il frit ; le *fut.* : je frirai, etc. ; le *cond. prés.* : je frirais, etc. ; la seconde pers. du sing. de l'*impér.* : fris ; le *part. passé* : frit, frite. On supplée aux temps qui manquent en plaçant le verbe *faire* devant l'*infinitif* frire : nous faisons frire, vous faites frire.

§ 336. **Geindre** se conjugue comme *peindre*.

§ 337. **Imboire** n'est usité qu'au participe passé *imbu*.

§ 338. **Instruire** se conjugue comme *déduire*.

§ 339. **Interdire** se conjugue comme *contredire*.

§ 340. **Joindre.** — *Ind. prés.* : je joins, tu joins, il joint, nous joignons, vous joignez, ils joignent. — *Imparf.* : je joignais. — *Parf. déf.* : je joignis. — *Fut.* : je joindrai. — *Impér.* : joins, joignons, joignez. — *Subj. prés.* : que je joigne, que nous joignions. — *Imparf.* : que je joignisse. — *Part.* : joignant, joint.

§ 341. **Lire.** — *Ind. prés.* : je lis, tu lis, il lit, nous lisons, vous lisez, ils lisent. — *Imparf.* : je lisais, etc., nous

lisions, etc. — *Parf. déf.* : je lus, etc., nous lûmes, etc.
— *Fut.* : je lirai, etc., nous lirons, etc. — *Impér.* : lis,
lisons, lisez. — *Subj. prés.* : que je lise, etc., que nous
lisions, etc. — *Imparf.* : que je lusse, etc., que nous lus-
sions, etc. — *Part.* : lisant, lu.

§ 342. **Luire.** — Ce verbe et son composé *reluire* font
au *part. passé* : lui, relui. Ils n'ont ni *parf. déf.*, ni *im-
pérat.*, ni *imparf. du subj.*

§ 343. **Médire** se conjugue comme *contredire.*

§ 344. **Mettre.** — *Ind. prés.* : je mets, tu mets, il met,
nous mettons, vous mettez, ils mettent. — *Imparf.* : je
mettais, etc., nous mettions, etc. — *Parf. déf.* : je
mis, etc., nous mîmes, etc. — *Fut.* : je mettrai, etc.,
nous mettrons, etc. — *Impér.* : mets, mettons, mettez. —
Subj. prés. : que je mette, etc., que nous mettions, etc. —
Imparf. : que je misse, etc., que nous missions, etc. —
Part. : mettant, mis.

§ 345. **Moudre.** — *Ind. prés.* : je mouds, tu mouds, il
moud, nous moulons, vous moulez, ils moulent. — *Imparf.* : je moulais, etc., nous moulions, etc. — *Parf.
déf.* : je moulus, etc., nous moulûmes, etc. — *Fut.* : je
moudrai, etc., nous moudrons, etc. — *Impér.* : mouds,
moulons, moulez. — *Subj. prés.* : que je moule, etc.,
que nous moulions, etc. — *Imparf.* : que je mou-
lusse, etc., que nous moulussions, etc. — *Part.* : mou-
lant, moulu.

§ 346. **Naître.** — *Ind. prés.* : je nais, tu nais, il naît,
nous naissons, vous naissez, ils naissent. — *Imparf.* : je
naissais. — *Parf. déf.* : je naquis. — *Fut.* : je naîtrai. —
Impér. : nais. — *Subj. prés.* : que je naisse. — *Imparf.* :
que je naquisse. — *Part.* : naissant, né.

§ 347. **Nuire.** — *Ind. prés.* : je nuis, tu nuis, il nuit,
nous nuisons, vous nuisez, ils nuisent. — *Imparf.* : je
nuisais. — *Parf. déf.* : je nuisis. — *Fut.* : je nuirai. —

Impér. : nuis, nuisons. — *Subj. prés.* : que je nuise. —
Imparf. : que je nuisisse. — *Part.* : nuisant, nui.

§ 348. **Oindre** se conjugue comme *joindre*.

§ 349. **Paître.** — *Ind. prés.* : je pais, tu pais, il pait,
nous paissons, vous paissez, ils paissent. — *Imparf.* :
je paissais. — Pas de *parf. déf.* — *Fut.* : je paitrai. —
Imp. : pais, paissons, paissez. — *Subj. prés.* : que je
paisse. — *Part. prés.* : paissant. — Le participe passé
pu n'est employé que dans la langue de la faucon-
nerie.

§ 350. **Paraître** se conjugue comme *connaître*.

§ 351. **Peindre.** — *Ind. prés.* : je peins, tu peins, il
peint, nous peignons, vous peignez, ils peignent. —
Imparf. : je peignais. — *Parf. déf.* : je peignis. — *Fut.* :
je peindrai. — *Impér.* : peins, peignons, peignez. —
Subj. prés. : que je peigne, que nous peignions. — *Imparf.* : que je peignisse. — *Part.* : peignant, peint.

§ 352. **Plaindre** se conjugue comme *craindre*.

§ 353. **Plaire.** — *Ind. prés.* : je plais, tu plais, il plait,
nous plaisons, vous plaisez, ils plaisent. — *Imparf.* : je
plaisais, etc., nous plaisions, etc. — *Parf. déf.* : je
plus, etc., nous plûmes, etc. — *Fut.* : je plairai, etc.,
nous plairons, etc. — *Impér.* : plais, plaisons, plaisez.
— *Subj. prés.* : que je plaise, etc., que nous plaisions, etc. — *Imparf.* : que je plusse, etc., que nous
plussions, etc. — *Part.* : plaisant, plu.

§ 354. **Poindre** se conjugue comme *joindre*. Dans le
sens neutre de commencer à paraître il n'est guère en
usage qu'à l'infinitif et au futur. Dans le sens propre de
piquer, fort usité en vieux français, il ne se dit plus qu'au
participe présent *poignant*, employé au figuré.

§ 355. **Prendre.** — *Ind. prés.* : je prends, tu prends, il
prend, nous prenons, vous prenez, ils prennent. —
Imparf. : je prenais, etc., nous prenions, etc. — *Parf.*

déf. : je pris, etc., nous prîmes, etc. — *Fut.* : je prendrai, etc., nous prendrons, etc. — *Impér.* : prends, prenons, prenez. — *Subj. prés.* : que je prenne, etc., que nous prenions, que vous preniez, qu'ils prennent. — *Imparf.* : que je prisse, etc., que nous prissions, etc. — *Part.* : prenant, pris.

§ 356. **Repaître** se conjugue comme *paître* et a de plus un parfait défini : *je repus.*

§ 357. **Résoudre.** — *Ind. prés.* : je résous, tu résous, il résout, nous résolvons, vous résolvez, ils résolvent. — *Imparf.* : je résolvais, etc., nous résolvions, etc. — *Parf. déf.* : je résolus, etc., nous résolûmes, etc. — *Fut.* : je résoudrai, etc., nous résoudrons, etc. — *Impér.* : résous, résolvons, résolvez. — *Subj. prés.* : que je résolve, etc., que nous résolvions, etc. — *Imparf.* : que je résolusse, etc., que nous résolussions, etc. — *Part.* : résolvant, résolu ou résous. Ce dernier participe n'a pas de féminin et ne s'emploie que dans le sens de dissous. Ex. : *brouillard* **résous** *en pluie.*

§ 358. **Rire.** — *Ind. prés.* : je ris, tu ris, il rit, nous rions, vous riez, ils rient. — *Imparf.* : je riais, etc., nous riions, etc. — *Parf. déf.* : je ris, etc., nous rîmes, etc. — *Fut.* : je rirai, etc., nous rirons, etc. — *Impér.* : ris, rions, riez. — *Subj. prés.* : que je rie, que tu ries, qu'il rie, que nous riions, que vous riiez, qu'ils rient. — *Imparf.* : que je risse, etc., que nous rissions, etc. — *Part.* : riant, ri.

§ 359. **Sourdre** ne s'emploie plus qu'à l'infinitif et à la 3e pers. sing. du présent de l'indicatif : *sourd.*

§ 360. **Suivre.** — *Ind. prés.* : je suis, tu suis, nous suivons, vous suivez, ils suivent. — *Imparf.* : je suivais, etc. — *Parf. déf.* : je suivis, nous suivîmes, etc. — *Fut.* : je suivrai, etc. — *Impér.* : suis, suivons, suivez. — *Subj. prés.* : que je suive, etc. — *Imparf.* : que je suivisse, etc., que nous suivissions, etc. — *Part.* : suivant, suivi.

§ 361. **Taire** se conjugue comme *plaire*.

§ 362. **Teindre** se conjugue comme *peindre*.

§ 363. **Tistre** n'a conservé que le participe passé *tissu* et a été remplacé aux autres temps par la forme moderne *tisser*.

§ 364. **Traire**. — *Ind. prés.* : je trais, tu trais, il trait, nous trayons, vous trayez, ils traient. — *Imparf.* : je trayais, nous trayions. — Point de *parf. déf.* — *Fut.* : je trairai. — *Impér.* : trais, trayons, trayez. — *Subj. prés.* : que je traie, que nous trayions. — Point d'*imparf.* — *Part.* : trayant, trait.

§ 365. **Vaincre**. — *Ind. prés.* : je vaincs, tu vaincs, il vainc, nous vainquons, ils vainquent. — *Imparf.* : je vainquais, etc., nous vainquions. — *Parf. déf.* : je vainquis, etc., nous vainquîmes. — *Fut.* : je vaincrai, etc., nous vaincrons, etc. — *Impér.* : vaincs, vainquons, vainquez. — *Subj. prés.* : que je vainque, etc., que nous vainquions, etc. — *Imparf.* : que je vainquisse, etc., que nous vainquissions, etc. — *Part.* : vainquant, vaincu.

§ 366. **Vivre**. — *Ind. prés.* : je vis, tu vis, il vit, nous vivons, vous vivez, ils vivent. — *Imparf.* : je vivais, etc., nous vivions, etc. — *Parf. déf.* : je vécus, etc., nous vécûmes, etc. — *Fut.* : je vivrai, etc., nous vivrons, etc. — *Impér.* : vis, vivons, vivez. — *Subj. prés.* : que je vive, etc., que nous vivions, etc. — *Imparf.* : que je vécusse, etc., que nous vécussions, etc. — *Part.* : vivant, vécu.

CHAPITRE VII

ADVERBE

§ 367. L'*adverbe* est un mot qui sert à modifier un verbe, un adjectif ou un autre adverbe. Ex. : *Je viendrai* **tard;** *un pays* **extrêmement** *fertile; vous marchez* **trop vite.**

§ 368. On appelle *locutions adverbiales* plusieurs mots dont la réunion équivaut dans l'usage à un adverbe. Ex. : *tout à fait, au-dessous, en haut, vis-à-vis,* etc.

§ 369. Les adverbes peuvent ajouter au mot qu'ils modifient une idée de lieu, de temps, de manière, de quantité, d'affirmation, de négation ou de doute. De là leur division en cinq classes principales.

SECTION I

Adverbes de lieu.

§ 370. Les principaux adverbes de lieu sont : *ici, là, çà, y, en, où, dedans, dehors, dessus, dessous, devant, derrière, loin, auprès, alentour, ailleurs, partout, céans.* Il y a un adverbe de lieu interrogatif qui est : *où ?*

SECTION II

Adverbes de temps.

§ 371. Les principaux adverbes de temps sont : *hier, aujourd'hui, demain, tôt, bientôt, tantôt, aussitôt, quelquefois, souvent, longtemps, déjà, ensuite, enfin, tard, encore, maintenant, autrefois, jadis, toujours, jamais, lors, alors, désormais, dorénavant, puis, depuis, naguère, auparavant,* etc.

Il y a un adverbe de temps interrogatif, qui est : *quand ?*

SECTION III
Adverbes de manière.

§ 372. La plus grande partie des adverbes de manière sont formés d'un adjectif au féminin et de la terminaison *ment.* Ex. : *richement, clairement, hautement, bonnement,* etc.

§ 373. Les adjectifs terminés en *ant* et *ent* forment leurs adverbes en *amment, emment.* Ex. : *prudemment, excellemment, obligeamment, élégamment,* etc. Il y a deux exceptions à cette règle : *présentement* et *véhémentement.*

§ 374. Les adverbes formés sur les participes passés en *é* tels que *aisé, mesuré, momentané, désespéré,* etc., et sur quelques adjectifs tels que *hardi, poli, joli,* etc., ont perdu l'*e* marque du féminin. On dit *aisément, mesurément, désespérément, momentanément, hardiment, poliment, joliment,* et non plus *aiséement, poliement,* etc.

§ 375. C'est par analogie avec les adverbes formés sur des participes passés en *é* que l'on a abusivement placé un accent aigu sur des adverbes formés sur des adjectifs terminés par un *e* muet, tels que *énormément, obscurément, uniformément, profondément.*

§ 376. Le français forme encore des adverbes de manière en employant l'adjectif simple. Ex. : *parler* **fort;** *chanter* **faux;** *crier* **haut;** *courir* **vite;** *travailler* **dur,** etc.

§ 377. La langue française possède un certain nombre d'adverbes de manière qui ne rentrent pas dans les deux catégories précédentes. En voici quelques-uns : *ainsi, quasi, plutôt, gratis,* etc.

§ 378. Il y a deux adverbes de manière interrogatifs : *pourquoi ?* et *comment ?*

§ 379. Les adverbes en *ment* et les adverbes tirés d'adjectifs simples ont les trois degrés de signification comme les adjectifs. Ex. : *durement,* **plus** *durement,* **le plus** *durement,* **très** *durement; parler fort,* **plus** *fort,* **très** *fort.*

§ 380. Les adverbes *bien* et *mal* tirent leurs degrés de comparaison directement du latin. *Bien* fait *mieux, le mieux* ou *très bien. Mal* fait *pis, le pis* ou *très mal.* On dit aussi très fréquemment *plus mal.*

SECTION IV

Adverbes de quantité.

§ 381. Les principaux adverbes de quantité sont : *assez, trop, peu, beaucoup, plus, moins, autant, davantage, très, le plus, si, tant, tellement, presque, tout à fait,* etc.

Il y a un adverbe de quantité interrogatif : *combien ?*

SECTION V

Adverbes d'affirmation, de négation et de doute.

§ 382. Les adverbes d'affirmation sont : *oui, si, certes, assurément, sans doute, vraiment, voire, volontiers, d'accord, même, aussi, surtout.*

§ 383. Les adverbes de négation sont : *non, ne, pas, point, guère, mie, goutte, nenni, nullement, aucunement,* etc.

§ 384. Les adverbes de doute sont : *peut-être, probablement, apparemment, à peu près.*

CHAPITRE VIII

PRÉPOSITION

§ 385. La *préposition* est la partie du discours qui sert à indiquer les différents rapports que les mots ont entre eux.

§ 386. On appelle *locutions prépositives* plusieurs mots dont la réunion équivaut dans l'usage à une préposition. Ex. : *au-dessus de, au lieu de*, etc.

§ 387. Les principaux rapports indiqués par les prépositions sont des rapports : 1° de lieu (*à, vers, chez, contre*, etc.) ; 2° de temps (*avant, après, depuis*, etc.) ; 3° de manière ou de moyen (*par, avec, sans, selon*, etc.) ; 4° d'origine ou de cause (*de, par, pour*, etc.).

§ 388. Les *prépositions simples* sont les suivantes :

à,	depuis,	hormis,	pour,
après,	derrière,	hors,	sans,
avant,	dès,	jusque,	sauf,
avec,	devant,	malgré,	selon,
chez,	devers (peu usité)	moyennant,	sous,
contre,	durant,	nonobstant,	suivant,
dans,	en,	outre,	sur,
de,	entre,	par,	vers,
deçà,	envers,	parmi,	voici,
delà,	excepté,	pendant,	voilà.

§ 389. Les principales *locutions prépositives* sont les suivantes :

à cause de,	à force de,	au-devant de,
à côté de,	au-dessous de,	à la faveur de,
afin de,	au-dessus de,	à l'égard de,

au lieu de,	de par,	par chez,
au milieu de,	de peur de,	par deçà,
auprès de,	en deçà de,	par delà,
au prix de,	en dehors de,	par-dessous,
autour de,	en dépit de,	par-dessus,
au travers de,	en face de,	par devant,
d'après,	faute de,	par devers,
d'auprès,	grâce à,	par en bas,
d'avec,	hors de,	par rapport à,
de chez,	jusqu'à,	près de,
de crainte de.	jusque dans,	proche de,
de devant,	jusque sur,	quant à,
d'entre,	le long de,	sauf à,
de façon à,	loin de,	vis-à-vis de.

CHAPITRE IX

CONJONCTION

§ 390. La conjonction est la partie du discours qui sert à unir ensemble des propositions ou de simples mots. Ex. : *On est toujours estimé* **quand** *on est honnête homme ; mon père* **et** *ma mère sont arrivés.*

§ 391. On appelle *locutions conjonctives* plusieurs mots dont la réunion équivaut dans l'usage à une conjonction. Ex. : *attendu que, de sorte que, ainsi que,* etc.

§ 392. On distingue, d'après leur usage, différentes sortes de conjonctions et locutions conjonctives, dont les principales sont les suivantes :

1° Pour marquer liaison : *et, ni, aussi, que ;*

2° Pour marquer opposition : *mais, cependant, pourtant, toutefois, néanmoins, au lieu que, loin que, encore que ;*

3° Pour marquer division : *ou, ou bien, soit, soit que* ;

4° Pour marquer exception : *sinon, quoique, bien que, à condition que, si ce n'est que, au moins, du moins, à moins que* ;

5° Pour comparer : *comme, de même que, ainsi que* ;

6° Pour ajouter : *d'ailleurs, outre que* ;

7° Pour expliquer et rendre raison : *car, parce que, puisque, vu que, attendu que, selon que, c'est pourquoi, c'est-à-dire* ;

8° Pour marquer l'intention : *afin que, pour que* ;

9° Pour conclure : *or, donc, ainsi, partant, de sorte que, de manière que* ;

10° Pour marquer le temps : *quand, lorsque, comme, dès que, tandis que, pendant que, après que, aussitôt que, avant que, jusqu'à ce que, depuis que* ;

11° Pour marquer le doute ou la crainte : *si, supposé que, soit que, pourvu que, en cas que, de peur que*.

CHAPITRE X

INTERJECTION

§ 393. L'interjection est la partie du discours qui sert à exprimer, ordinairement par un seul mot, les sentiments vifs et subits de l'âme, la douleur, la joie, la colère, l'admiration, la surprise, etc.

§ 394. Les principales interjections sont :

Ah !	Eh !	Hem !	Holà !	Or ça !
Aïe !	Eh bien !	Hein !	O !	Paf !
Bah !	Fi !	Hé !	Oh !	Parbleu !
Bast !	Fi donc !	Hé bien !	Ouais !	Pouah !
Chut !	Ha !	Hé quoi !	Ouf !	Pouf !
Crac !	Hélas !	Ho !	Oui-dà !	Zest !

§ 395. Certains mots ou réunions de mots remplissent accidentellement le rôle d'interjections; tels sont: *Allons! Allons donc! arrière! bon! courage! ciel! dame! diantre! Dieu! ferme! gare! miséricorde! paix! peste! quoi! silence! tout beau!*

———————

SECONDE PARTIE

SYNTAXE

----

§ 396. La syntaxe est la partie de la grammaire qui enseigne la manière d'assembler les mots en phrases.

§ 397. On nomme proposition l'énonciation d'un fait ou d'un jugement. *La terre est ronde, le chien aime son maître,* sont des propositions.

§ 398. On divise les propositions en *simples* et *composées.* Proposition simple : *La terre est ronde.* Proposition composée : *La terre, qui est une planète, tourne autour du soleil. Qui est une planète* est une proposition secondaire qui vient s'ajouter à la proposition principale : *la terre tourne autour du soleil,* afin de l'expliquer et de la compléter.

§ 399. La syntaxe se divise en deux parties : la *syntaxe des mots,* qui enseigne la manière d'assembler les mots pour en former une proposition simple ; et la *syntaxe des propositions,* qui enseigne la manière d'assembler plusieurs propositions simples pour en former une proposition composée.

PREMIÈRE DIVISION

SYNTAXE DES MOTS

§ 400. Toute proposition se compose de trois termes : le *sujet*, le *verbe* et l'*attribut*.

§ 401. Le *sujet* indique la personne ou la chose qui est dans l'état ou qui fait l'acte exprimé par le verbe.

§ 402. L'*attribut* indique la qualité attribuée au sujet.

§ 403. Le *verbe* affirme que la qualité représentée par l'attribut convient au sujet. Dans *la terre est ronde, la terre* est le sujet, *est* le verbe, et *ronde* l'attribut.

§ 404. Le verbe et l'attribut s'accordent toujours avec le sujet, c'est-à-dire qu'ils prennent le genre, le nombre et la personne du sujet. Ex. : *L'écureuil est gracieux; la vertu est récompensée ; les étoiles sont brillantes.*

§ 405. Il est rare qu'une proposition ne contienne que le sujet, le verbe et l'attribut. Le plus souvent chacun de ces termes est complété par d'autres mots qui en précisent le sens et qui portent le nom de *complément.* Dans cette phrase : *La France du Midi est fréquentée par les étrangers en hiver*, les mots **du midi, par les étrangers, en hiver**, sont des compléments.

§ 406. Il y a quatre sortes de compléments : le complément *déterminatif*, le complément *direct*, le complément *indirect* et le complément *circonstanciel*.

§ 407. Le complément *déterminatif* est celui qui s'ajoute à un substantif pour en préciser et en restreindre l'étendue. Ex. : *Un chapeau* **de feutre**; *le chapeau* **de Pierre**.

§ 408. Le complément *direct* est celui sur lequel l'action exprimée par le verbe tombe directement, c'est-à-dire sans l'intermédiaire d'une proposition. Ex. : *L'enfant aime* **sa mère**.

§ 409. Le complément *indirect* est celui sur lequel l'action exprimée par le verbe ne tombe qu'indirectement, c'est-à-dire par l'intermédiaire d'une préposition. Ex. : *J'ai donné mon livre* **à ton frère.**

§ 410. Le complément *circonstanciel* est celui qui complète le sens de l'attribut en le modifiant par une idée accessoire de temps, de lieu, de manière, de cause, de moyen, de but, de matière, de prix, de mesure, etc. Ex. : *Je me suis promené* **dans le jardin;** *j'ai été à la chasse* **mardi,** etc.

§ 411. La syntaxe des mots fixe, pour chacune des parties du discours, les règles qui concernent l'*accord* et le *complément.*

CHAPITRE PREMIER

SYNTAXE DU SUBSTANTIF

SECTION I

Accord.

§ 412. Le substantif peut s'employer adjectivement. Dans ce cas il s'accorde toujours en nombre et le plus souvent en genre avec le substantif qu'il qualifie. Ex. : *Le roi* **galant homme.** *La reine* **mère.** *Le soldat* **citoyen.** *Hélène,* **femme** *de Ménélas.*

§ 413. Si le substantif employé adjectivement n'est usité qu'au masculin, il peut qualifier un nom féminin. Ex. : *Une femme* **poète;** *une femme* **auteur.**

§ 414. **Témoin** ne prend pas la marque du pluriel quand il est au commencement d'une phrase et dans la locution adverbiale *à témoin.* Ex. : **Témoin** *trois procureurs, dont icelui Citron A déchiré la robe* (RACINE).

Tite, touché de leurs maux (des Juifs de Jérusalem), *prenait ses dieux* à **témoin** *qu'il n'était pas cause de leur perte* (Bossuet).

§ 415. Certains substantifs désignant des couleurs s'ajoutent à d'autres comme des adjectifs, mais restent invariables parce qu'on sous-entend *de la couleur de.* Ex. : *des rubans* **jonquille**, *des gants* **paille**, *des rideaux* **cerise**, *une redingote* **marron**, *des souliers* **ponceau**, *des ceintures* **orange**, etc.

SECTION II

Complément.

§ 416. Lorsqu'un nom sert de complément à un autre nom, le rapport qui les unit est en général marqué par une des prépositions *à* ou *de*. Ex. : *le livre* **de** *Pierre; un cheval* **de** *bois; une table* à *ouvrage; le cabinet* **de** *travail; un chandelier* à *branches.*

§ 417. D'autres prépositions, telles que *pour, par, envers, en, sans,* etc., peuvent également être employées pour unir un nom à son complément. Ex. : *l'amour* **pour** *Dieu; le chauffage* **par** *le gaz; les devoirs* **envers** *la patrie; une maison* **en** *bois; un homme* **sans** *principes.*

§ 418. Le nom peut avoir un infinitif pour complément. Ex. : *la salle* à *manger, l'art* **de** *bien dire.*

§ 419. Les substantifs dérivés d'un verbe gardent en général les compléments du verbe d'où ils sont tirés. Ex. : *Mais ne pouvions-nous pas, direz-vous encore, apporter de justes préparations* à *ces sacrements dont nous nous sommes approchés?* (Massillon.) *L'histoire remarque que saint Livier était issu de parents illustres, ce qui est une conviction manifeste* **qu'il** *faut reprendre la grandeur de cette maison d'une origine plus haute* (Bossuet).

§ 420. Lorsque deux noms demandent après eux la même préposition, ils peuvent avoir le même complément. Ex. : *Il a l'amour et même la passion* **de la gloire.**

§ 421. Mais, lorsque deux noms qui se suivent demandent après eux des prépositions différentes, chacun d'eux doit avoir le complément qui lui convient. Ex. : *L'amour* **pour** *Dieu et la confiance* **en** *lui.*

SECTION III

Irrégularités dans le genre des noms.

§ 422. Certains noms sont masculins ou féminins suivant les circonstances. Ex. : *une femme* **poète,** *une femme* **auteur.**

§ 423. Certains noms ont au sens figuré un autre genre qu'au sens propre. Ex. :

une enseigne (étendard)	un enseigne (porte-enseigne)
la cornette (drapeau)	le cornette (porte-drapeau)
la trompette (instrument)	le trompette (celui qui sonne de la trompette)
la Bourgogne (pays)	le bourgogne (vin)
la Champagne (pays)	le champagne (vin)
la vapeur	le vapeur (bateau à vapeur)
le pendule	la pendule (instrument mis en mouvement par un pendule)

§ 424. D'autres noms changent de genre en passant du sens abstrait au sens concret. Ex. :

une aide (secours)	un aide (celui qui porte secours)
une élève (action d'élever)	un élève (celui qu'on élève)
la garde (action de garder)	le garde (celui qui garde)

la mémoire (souvenir) | le mémoire (compte)
la manœuvre (action de | le manœuvre (celui qui fait
manœuvrer) | œuvre de ses mains)

§ 425. **Aigle** est masculin au propre et au figuré. Ex : **Le grand** *aigle des Alpes. Cet homme n'est pas* **un** *aigle.* Il est féminin au sens d'enseigne et dans la langue du blason. Ex. : *Les aigles* **romaines**. *Il porte, sur le tout d'azur, à l'aigle* **éployée** *d'argent.*

§ 426. **Amour, délice** et **orgue** sont masculins au singulier et féminins au pluriel. Ex. : *un* **grand** *amour, un* **bel** *orgue, un délice* **enivrant**, *de* **grandes** *amours, de* **belles** *orgues, d'*enivrantes *délices. Amour* peut être du genre féminin au singulier, en poésie, et il reste masculin au pluriel lorsqu'il désigne des êtres mythologiques.

§ 427. **Automne** est des deux genres, selon l'Académie ; mais l'usage lui donne plutôt le genre masculin. Ex. : **un bel** *automne ;* **un** *automne* **pluvieux**.

§ 428. **Chose**, en général féminin, est masculin dans la locution *quelque chose*.

§ 429. **Couple** est du féminin quand il désigne seulement deux êtres de la même espèce unis accidentellement. Ex. : **une** *couple d'œufs*. Il est du masculin quand il indique, chez les animaux, le mâle et la femelle, chez les hommes, deux personnes unies par le mariage, par la sympathie, etc. Ex. : **un** *couple de chiens, de tourterelles ;* **un** *couple d'amis, de fripons ;* **un heureux** *couple*.

§ 430. **Espace** est en général masculin. Ex. : *Un grand* **espace** *de temps* (ACAD.). Il est féminin en terme d'imprimerie. Ex. : *Les espaces sont de différentes grosseurs ; il y en a de* **fortes**, *de minces, de* **moyennes**, *pour donner au compositeur la facilité de justifier* (*Encyclopédie*).

§ 431. **Foudre** est féminin au sens propre. Ex. : **La** *foudre* **étincelante** *éclate dans les nues* (VOLTAIRE). Il est

masculin au figuré. Ex. : *Un homme qui se dit* **un grand**
foudre de guerre (CORNEILLE).

§ 432. **Gens**, substantif pluriel, est en général féminin
quand il est précédé immédiatement de l'adjectif, masculin quand il en est suivi. Ex. : *Il y a à la ville, comme ailleurs, de fort* **sottes** *gens, des gens fades,* **oisifs, désoc-
cupés** (LA BRUYÈRE). Lorsque le mot *gens* est immédiatement précédé des adjectifs *tout, certain, quel, tel,* ces
adjectifs doivent être mis au féminin. Ex. : **Toutes** *gens
d'esprit scélérat* (LA FONTAINE); **telles** *gens,* **quelles** *gens.*
Mais si ces adjectifs ne précèdent pas immédiatement
le mot *gens,* ils se mettent au masculin. Ex. : **tous**
ces gens-là, **tels** *sont les gens d'aujourd'hui,* **certains**
honnêtes gens, **quels** *sont les gens que vous fréquentez ?*

Cependant si le mot *gens* est précédé d'un ou de plusieurs adjectifs qualificatifs ayant une terminaison différente pour les deux genres, ces adjectifs prennent alors
le féminin. Ex. : **Quelles bonnes** *et dignes gens !* **Quelles
viles** *et* **méchantes** *gens !*

Si l'adjectif venait à précéder le mot *gens* par inversion, cet adjectif ne se mettrait pas au féminin, mais au
masculin. On dira donc : **Instruits** *par l'expérience, les
vieilles gens sont soupçonneux.*

Toutes les fois qu'un adjectif qualifie les expressions
substantives *honnêtes gens, braves gens, jeunes gens, gens
de lettres, gens d'honneur,* il se met au masculin : *les*
faux *honnêtes gens, les* **beaux** *jeunes gens,* **quels** *braves
gens !*

Le singulier *gent* est toujours féminin. Ex. : **la** *gent
trotte-menu* (LA FONTAINE).

§ 433. **Hymne** est du féminin lorsqu'il signifie chant
d'église : *Les* **anciennes** *hymnes de l'Église ont le mérite
de la simplicité.* — Quand il désigne tout autre chant, il
est du masculin : *Chaque peuple a son hymne* **national.**

§ 434. **Œuvre** est en général féminin. Il n'est employé au masculin que dans le style soutenu et au singulier seulement. Ex. : *Vous voyez en sa mort* **un** *œuvre de sa main* (ROTROU). Il est encore masculin lorsqu'il signifie le recueil de toutes les estampes d'un graveur ou de toutes les compositions d'un musicien. Ex. : *Avoir* **tout** *l'œuvre d'Albert Durer, de Callot, de Beethoven* (ACAD.); ou en terme d'alchimie. Ex. : *Paracelse travaillait* **au grand** *œuvre* (BONIFACE).

§ 435. **Orge** est en général un substantif féminin. Cependant l'usage veut qu'il soit masculin dans les locutions suivantes : *orge* **mondé**, *orge* **perlé**, *orge* **carré**.

§ 436. **Pâque**, fête religieuse des Juifs, et **Pâques**, fête religieuse des Chrétiens, sont du féminin. Ex. : *La Pâque des Juifs ; Pâques* **fleuries** (*les Rameaux*). Quand il indique une époque de l'année, ce mot est masculin. Ex. : *A Pâques* **prochain** ; *quand Pâques sera* **venu** (ACAD.).

§ 437. **Période** est du féminin comme terme de chronologie, de médecine, de grammaire et d'astronomie. Ex. : **La** *période du moyen âge ; la maladie est arrivée* **à sa dernière** *période ;* **une** *période à deux, à trois membres ;* **la** *période solaire.*

Ce mot est du masculin, quand il indique le plus haut point où puisse parvenir une personne ou une chose. Ex. : *Il* (un rhumatisme) *a son commencement, son augmentation,* **son** *période et sa fin* (Mᵐᵉ DE SÉVIGNÉ).

§ 438. **Personne** est du féminin. Il est masculin au sens de qui que ce soit, et on le considère alors comme un pronom indéfini. Ex. : **Une** *personne de condition. Personne ne sera si* **hardi** (ACAD.).

§ 439. **Relâche** est en général masculin. Ex. : *L'esprit* **veut du** *relâche* (MOLIÈRE). Il est féminin en terme de marine. Ex. : *Après* **une** *relâche de quinze jours, nous quittâmes l'île Saint-Pierre* (CHATEAUBRIAND).

SECTION IV

Pluriel des noms propres.

§ 440. Les noms propres de personnes ne prennent pas en général la marque du pluriel, soit qu'ils soient employés par emphase. Ex. : *Les plus savants des hommes, les* **Socrate**, *les* **Platon**, *les* **Newton**, *ont été aussi les plus religieux* (BERN. DE SAINT-PIERRE); soit qu'ils désignent plusieurs individus de la même famille. Ex. : *Par la vertu des deux* **Antonin**, *ce nom devint les délices des Romains* (BOSSUET).

§ 441. Les noms propres de personnes prennent la marque du pluriel dans les cas suivants :

1° Quand ils s'appliquent à des individus qui sont comparés à celui dont on emprunte le nom. Dans ce cas les noms propres sont employés comme noms communs. Ex. : *Aux siècles de Midas on ne voit point d'*Orphées (VOLTAIRE). On dit de même des *Dugazons*, des *Falcons* pour désigner des cantatrices qui occupent au théâtre l'emploi dans lequel se sont distinguées Mme Dugazon et Mme Falcon;

2° Quand le nom propre est considéré comme un titre commun à une famille illustre, à une race royale. Ex. : *La Seine a des* **Bourbons**, *le Tibre a des* **Césars** (BOILEAU);

3 Quand on emploie le nom d'un écrivain pour désigner l'ensemble de ses œuvres, celui d'un peintre, d'un graveur, d'un imprimeur célèbre, pour un de ses ouvrages. Ex. : *Les premiers* **Plines** *que possède la bibliothèque du roi sont d'une conservation parfaite* (ACAD.).

§ 442. Les noms propres de pays prennent la marque du pluriel. Ex. : *Les deux* **Amériques**, *les cinq* **Guyanes**, *l'empereur de toutes les* **Russies**.

SECTION V

Pluriel des noms tirés de langues étrangères.

§ 443. Les noms tirés de langues étrangères qu'un fréquent usage a francisés prennent la marque du pluriel. Ex. : *Nous fatiguons le ciel à force de* **placets** (LA FONTAINE). *J'entends éclater des* **bravos** *imprévus* (CAS. DELAVIGNE). *Non, ce n'est que pour rire et répondre à tes* **quolibets** (MOLIÈRE). *Il met tous les matins six* **impromptus** *au net* (BOILEAU). On dira de même des *opéras*, des *factums*, des *albums*, des *accessits*, des *pensums*, des *duos*, des *quatuors*, des *spécimens*, des *autodafés*, etc.

§ 444. Cependant les noms italiens *carbonaro, dilettante, lazzarone, quintetto, soprano* conservent en français le pluriel qu'ils ont en italien. On dit des *carbonari*, des *dilettanti*, des *lazzaroni*, des *quintetti*, des *soprani*.

§ 445. Ne prennent pas la marque du pluriel :

1° Les noms qui sont rarement employés au pluriel, tels que *choléra, crescendo, ana, exequatur*. Ex. : *Une prodigalité de* **crescendo**, *de triolets*, etc. (VITET);

2° Les noms formés de plusieurs mots, comme *ex-voto, fac-similé, post-scriptum*, etc. Ex. : *Il n'y a pas beaucoup d'*ex-voto *pour les naufrages de la Loire* (SÉVIGNÉ);

3° Les mots latins qui commencent les prières, les psaumes, les hymnes, auxquels ils donnent leurs noms, tels que *Avé, Stabat, Confiteor, Magnificat, Miserere, Pater, Requiem, Credo*. Ex. : *Dire cinq* **Pater** *et cinq* **Avé** (ACAD.).

SECTION VI

Pluriel des noms abstraits.

§ 446. Les noms abstraits qui marquent une habitude ou une disposition à quelque chose prennent généralement, en passant au pluriel, un autre sens qu'au singulier. Le singulier exprime l'état ou le penchant de l'âme, et le pluriel désigne les faits produits par ce penchant, lesquels sont multiples. Ex. : *ma faiblesse, mes faiblesses.*

SECTION VII

Pluriel des noms composés.

§ 447. Les noms composés qui s'écrivent en un seul mot, c'est-à-dire dont les diverses parties ne sont plus distinctes, sont considérés comme des substantifs simples et suivent la règle commune. Ex. : *des porte-feuilles, des pourparlers, des pourboires, des contrevents, des havresacs, des passeports, des contrepoisons*, etc.

§ 448. Il faut excepter les mots *gentilhomme* et *bonhomme*, qui font au pluriel *gentilshommes* et *bons-hommes.*

§ 449. Dans les noms composés de deux substantifs dont l'un est l'apposition de l'autre, les deux parties prennent la marque du pluriel. Ex. : *des choux-fleurs, des chiens-loups, des reines-marguerites, des oiseaux-mouches, des chefs-lieux*, etc.

§ 450. Il en est de même pour les noms composés d'un substantif et d'un adjectif. Ex. : *des chauves-souris, des plates-bandes, des pies-grièches, des basses-cours, des cerfs-volants*, etc.

§ 451. Font exception *chevau-léger*, *blanc-seing*, *terre-plein*, et les substantifs où entre le mot *grand* au féminin. On écrit : *des chevau-légers*, *des blanc-seings*, *des terre-pleins*, *des grand'mères*, *des grand'messes*, etc.

§ 452. Quand un nom composé est formé, à l'aide ou sans l'aide d'une préposition, de deux substantifs dont l'un est le complément de l'autre, le substantif complété prend seul la marque du pluriel. Ex. : *des chefs-d'œuvre*, *des arcs-en-ciel*, *des belles-de-nuit*, *des crocs-en-jambe*, *des hôtels-Dieu*, *des fêtes-Dieu*, *des bains-marie*, *des appuis-main*, etc.

§ 453. Dans certains noms composés à l'aide d'une préposition, *tête-à-tête*, *coq-à-l'âne*, *pied-à-terre*, *pot-au-feu*, *fier-à-bras*, aucune partie ne prend la marque du pluriel ; on écrit : *des tête-à-tête*, *des coq-à-l'âne*, *des pied-à-terre*, *des pot-au-feu*, *des fier-à-bras*.

§ 454. Dans les noms composés d'un mot ou d'une partie de mot étranger, et d'un substantif français, ce dernier seul prend la marque du pluriel. Ex. : *des anti-papes*, *des ex-généraux*, *des vice-présidents*, *des gallo-romains*, etc.

§ 455. Dans les noms composés d'un substantif et d'un adverbe, le substantif prend la marque du pluriel. Ex. : *des quasi-délits*, *des arrière-gardes*, *des arrière-neveux*, *des sauf-conduits*, etc.

§ 456. Il en est de même dans les noms composés d'un substantif et d'une préposition, lorsque le substantif n'est pas régi par la préposition. Ex. : *des avant-coureurs*, *des contre-épreuves*. Dans ce cas la préposition a en réalité la valeur d'un adverbe.

§ 457. Au contraire, si le substantif est régi par la préposition, il ne prend pas la marque du pluriel. Ex. : *des après-midi*, *des hors-d'œuvre*, etc.

§ 458. Les noms composés d'un verbe et d'un sub

stantif régi par lui ne prennent pas le signe du pluriel. Ex. :

des abat-jour,	*des grippe-sou,*
des battant-l'œil,	*des perce-neige,*
des boute-en-train,	*des prie-Dieu,*
des coupe-gorge,	*des réveille-matin,*
des couvre-feu,	*des serre-tête,*
des couvre-chef,	*des serre-file,*
des crève-cœur,	*des fesse-mathieu,*
des gagne-pain,	*des passe-temps,*
des garde-feu,	*des perce-bois.*
des garde-manger,	

C'est abusivement qu'on écrit quelquefois *des gardes-malades, des gardes-magasins.*

Dans les mots *couvre-pieds, cure-dents, gobe-mouches, essuie-mains, croque-notes, serre-papiers, casse-noisettes,* etc., il y a toujours une s, au singulier comme au pluriel, parce que l'idée de pluralité est inhérente à ces composés. Un *casse-noisettes* est destiné à casser *des noisettes ;* un *couvre-pieds* est une couverture pour couvrir *les pieds,* etc.

§ 459. Les noms dans la composition desquels n'entrent que des mots invariables ne prennent pas la marque du pluriel. Ex. : *des on-dit, des ouï-dire, des passe-partout, des pince-sans-rire, des pique-nique, des rendez-vous, des in-douze,* etc.

CHAPITRE II

SYNTAXE DE L'ARTICLE

SECTION I

Emploi ou omission de l'article.

§ 460. L'article défini se place devant les mots pris dans un sens déterminé, c'est-à-dire désignant ou un genre, ou une espèce, ou un individu. Ex. : *Nous sommes presque tous coupables de* la *haine que l'on nous porte* (VAUVENARGUES). *Mon principal régime est* la *patience et* la *résignation* **aux** *ordres immuables de* la *nature* (VOLTAIRE).

§ 461. Si le nom est pris dans un sens général, indéterminé, on l'emploie sans article. Ex. : *une table* **de** *marbre, un tableau* **d'**histoire. *On a beaucoup disputé sur la meilleure forme* **de** *gouvernement* (J.-J. ROUSSEAU).

§ 462. L'article s'omet dans certaines locutions où le substantif forme en quelque sorte un seul mot avec le verbe : Ex. : *avoir faim, rendre grâce, prendre feu, perdre connaissance,* et dans quelques autres locutions toutes faites. Ex. : *de main de maître, par manière de remerciement, en guise de récompense,* etc.

§ 463. On omet encore l'article : 1° dans les proverbes ou sentences générales. Ex. : *Pauvreté n'est pas vice ;* 2° dans les énumérations, quand on veut donner à la phrase plus de rapidité. Ex. : *Citoyens, étrangers, ennemis, peuples, rois, empereurs, le plaignent et le révèrent* (FLÉCHIER).

§ 464. En général l'article ne se met pas avant les noms propres de personnes ou de villes. Ex. : *Bossuet, Versailles,* etc.

§ 465. Font exception : 1° Certains noms de personnes traduits de l'italien. Ex.: *le Corrège*, *le Titien*, *l'Arioste*, etc.; 2° certains noms de villes qui sont en réalité des noms communs. Ex. : *le Havre* (havre, port), *le Mans* (mans, habitation), *la Ferté* (ferté, forteresse), *la Rochelle* (rochelle, petite roche), etc.; 3° certains noms de personnes servant de qualificatifs et employés en quelque sorte comme noms communs. Ex. : *l'Eschyle de l'Angleterre* (Shakespeare), *le Démosthènes de la France* (Mirabeau), etc.; 4° les noms propres accompagnés d'un adjectif ou d'un déterminatif. Ex. : *le vaillant Bayard*, *le bon la Fontaine*, *l'Athènes de Périclès*, etc.

§ 466. L'article se met en général devant les noms propres de pays, de fleuves et de montagnes. Ex. : *la France*, *l'Europe*, *la Loire*, *les Cévennes*. Cependant l'usage ne suit pas de règles fixes; il veut qu'on dise :

Les rois de *la* Chine, *du* Japon, *du* Pérou :	Les rois *de* France, *d'*Espagne, *d'*Angleterre, *de* Prusse, *de* Perse;
L'or *du* Pérou;	Les vins *de* France;
La porcelaine *de la* Chine;	Les laines *d'*Espagne;
Les limites *de la* France;	La noblesse *de* France;
Revenir *de la* Chine;	Revenir *d'*Espagne;
A son retour *du* Japon;	A son retour *d'*Italie, etc.

Il permet de dire également :

Les peuples *de l'*Asie.	et les peuples *d'*Asie;
Les villes *de l'*Afrique,	et les villes *d'*Afrique.

§ 467. L'article se place toujours après la préposition *à* et s'omet après la préposition *en*. Ex. :

Aller *à la* Chine ;	Aller *en* Chine ;
Aborder *au* Pérou ;	Aborder *en* Afrique ;
Arriver *au* Mexique ;	Arriver *en* France ;
A *l'*hiver prochain ;	*En* été, *en* hiver, etc.

§ 468. L'article se répète devant chacun des noms employés comme sujets ou comme compléments, quand il est déjà énoncé devant le premier. Ex. : **Le** *cœur*, **l'***esprit*, **les** *mœurs, tout gagne à la culture* (BOILEAU). **Les** *soucis dévorants*, **les** *regrets*, **les** *ennuis* (LA FONTAINE).

§ 469. L'article se répète encore avant deux adjectifs unis par les conjonctions *et, ou*, lorsqu'ils se rapportent à deux objets distincts représentés elliptiquement par un seul nom. Ex. : L'*ancien* et **le** *nouveau continent paraissent tous deux avoir été rongés par l'Océan* (BUFFON). *Dieu s'est choisi un peuple dont* **la** *bonne ou* **la** *mauvaise fortune dépendit de sa piété* (BOSSUET).

§ 470. On peut ne pas répéter l'article quand il y a synonymie entre les termes ou que les substantifs énoncés peuvent être considérés comme une expression indivisible. Ex. : *On trouve des condors dans les savanes ou prairies naturelles* (BUFFON). *Les tenants et aboutissants d'un héritage* (ACAD.).

§ 471. L'article se répète devant les adverbes *plus, mieux, moins*, lorsqu'ils modifient plusieurs adjectifs servant d'attributs à un nom représentant un seul et même objet. Ex. : *Les dogmes* **les** *plus vrais et* **les** *plus saints* (MONTESQUIEU).

§ 472. Si un nom est précédé de plusieurs adjectifs qui le qualifient et qu'on n'ait en vue qu'un même objet, l'article se met en général seulement avant le premier adjectif. Ex. : **La** *juste et droite raison est une lumière de l'âme* (LA ROCHEFOUCAULD).

SECTION II

Emploi de l'article partitif.

§ 473. L'article indéfini *du*, *de la*, *des*, s'emploie avant les noms pris dans un sens partitif, c'est-à-dire ne désignant qu'une partie d'un tout. Ex. : *Quand on a* **de l'esprit** *on se tire d'affaire* (DUFRESNY). *La mer Rouge est, de toutes les mers, celle qui produit le plus abondamment* **des** *coraux*, **des** *madrépores et* **des** *plantes marines* (BUFFON).

§ 474. Quand le nom pris dans un sens partitif est précédé d'un adjectif, l'article se remplace par la préposition *de*. Ex. : **De** *faibles gémissements*, **de** *sourds beuglements*, **de** *doux roucoulements remplissent les déserts d'une sombre et sauvage mélancolie* (CHATEAUBRIAND). Mais quand l'adjectif suit le nom, l'article persiste. Ex. : On apercevait *des villes opulentes*, *des prairies pleines de troupeaux* (FÉNELON).

§ 475. L'article reparaît quand l'adjectif s'unit au substantif de manière à former une sorte de mot composé. Ex. : *Et refuser n'est plus le vice* **des** *grands hommes* (CORNEILLE). *La louange languit auprès* **des** *grands noms* (BOSSUET). On dit généralement : **des** *jeunes gens*.

§ 476. Dans les phrases négatives, lorsqu'un substantif, suivi d'un adjectif ou d'un déterminatif, est complément d'un verbe, on fait usage des articles *du*, *de la*, *des*, si la négation est limitée par le reste de la phrase ; on se sert seulement de la préposition *de*, si la négation est absolue. Ex. : *Madame, je n'ai point* **des** *sentiments si bas* (RACINE). *Ne me fais point ici* **de** *contes superflus* (MOLIÈRE).

§ 477. L'article partitif s'omet après la préposition *de*. Ex. : *La gloire remplit le monde* de *vertus* (Vauvenargues).

SECTION III

Accord de l'article.

§ 478. L'article s'accorde en genre et en nombre avec le substantif qu'il détermine. Ex. : le *christianisme*, la *girafe*, les *Alpes*, etc.

§ 479. L'article se met quelquefois par emphase au pluriel avec un nom singulier. Ex. : **Les** Bossuet, **les** *Racine ont été la gloire du siècle de Louis XIV. Vous serez peut-être surpris que, dans cet état, je fasse* **des** *Siècle, et* **des** *Histoire de la guerre de* 1741, *et* **des** *Rome sauvée, et autres bagatelles* (Voltaire).

§ 480. L'article peut être mis au pluriel devant deux noms au singulier, lorsque ces noms sont unis dans la pensée et que l'article se rapporte également à tous deux. Ex. : **les** *père et mère;* **les** *frère et sœur.*

§ 481. L'article placé devant *plus, moins* et *mieux*, et formant le superlatif relatif, s'accorde en genre et en nombre avec le substantif quand il y a comparaison. Ex. : *La honte suit toujours le parti des rebelles, Leurs grandes actions sont* **les** *plus criminelles* (Racine).

§ 482. L'article reste au contraire invariable, lorsqu'on veut exprimer une qualité portée au plus haut degré, et que le superlatif indique excès, non comparaison. Ex. : *Ceux que j'ai toujours vus* **le** *plus frappés de la lecture des écrits de ces grands personnages, ce sont des esprits du premier ordre* (Boil., *Lett. à Perrault*). *Le roi dont la mémoire est* **le** *plus révérée* (Voltaire).

§ 483. Par suite d'une ellipse, un article féminin se

met quelquefois devant un substantif masculin. Ex : *Un
tableau à* **la** *Rubens* (c'est-à-dire à la manière de Rubens); *un ouvrage fait à* **la** *diable* (c'est-à-dire à la façon
du diable); **la** *Saint-Médard* (la fête de saint Mé-
dard), etc.

CHAPITRE III

SYNTAXE DE L'ADJECTIF

SECTION I

Adjectifs qualificatifs.

1. ACCORD.

§ 484. L'adjectif s'accorde en genre et en nombre
avec le nom auquel il se rapporte. Ex. : *Ce cheval est*
blanc. *Une* **belle** *rose. Les* **principaux** *États de l'Europe.*

§ 485. L'adjectif qui qualifie plusieurs noms au singulier se met au pluriel. Ex. : *Avec une gradation lente
et ménagée, on rend l'homme et l'enfant* **intrépides** *à tout*
(J.-J. ROUSSEAU).

§ 486. L'adjectif qui qualifie plusieurs noms de genre
différent se met au pluriel masculin. Ex. : *Je tâche de
rendre* **heureux** *ma femme, mon enfant et même mon
chien* (BERN. DE SAINT-PIERRE).

§ 487. L'adjectif qui qualifie plusieurs noms s'accorde
quelquefois avec le dernier seulement. Cette exception a
lieu :

1° Quand les noms ont à peu près la même signification. Ex. : *Toute sa vie n'a été qu'un travail, qu'une oc-
cupation* **continuelle** (MASSILLON).

2° Quand les noms sont placés par gradation. Ex. : *Mais le fer, le bandeau, la flamme est toute* **prête** (RACINE).

§ 488. Après deux noms séparés par la conjonction *ou*, l'adjectif s'accorde avec le dernier nom quand il ne qualifie réellement que ce dernier. Ex. : *Ils obtinrent l'estime ou la confiance* **publique** (BARTHÉLEMY).

§ 489. Mais si l'adjectif qualifie les deux noms, il s'accorde avec les deux. Ex. : *Les Lapons se nourrissent de chair ou de poisson* **crus** (BUFFON).

§ 490. L'adjectif reste au singulier, même avec un verbe au pluriel, après les pronoms *nous*, *vous*, quand ces pronoms désignent une seule personne. Ex. : *Vous êtes bien* **jeune**, *mon ami.* — *Allons, mon ami*, **soyons raisonnable**.

§ 491. L'adjectif **tout**, placé sans article devant les noms de villes pour désigner, non les villes mêmes, mais le peuple de ces villes, se met au masculin et reste invariable. Ex. : *C'est moi qui suis Sosie, et* **tout** *Thèbes l'avoue* (MOLIÈRE). *Vous parlez devant un homme à qui* **tout** *Naples est connu* (MOLIÈRE).

§ 492. Quand l'adjectif accompagne un substantif collectif, il s'accorde, suivant le sens, ou avec le collectif ou avec le substantif qui en est le complément. Ex. : *Une masse de maisons* **désagréable** *à la vue* (c'est la masse qui est désagréable); *une masse de maisons* **construites** *en brique* (ce sont les maisons qui sont construites en brique).

§ 493. L'adjectif s'accorde toujours avec le complément des locutions collectives *beaucoup de, tant de, assez de, peu de, bien des, la plupart des, la plus grande partie des*, etc. Ex. : *J'ai la plupart de mes livres* **reliés** *en veau.* — *Dieux, ne corrompez pas cette âme généreuse, Et que tant de vertu ne soit pas* **dangereuse** (VOLT.).

§ 494. Lorsque la locution **avoir l'air** est suivie d'un

adjectif, la règle générale est que cet adjectif s'accorde avec le sujet de la proposition, s'il se rapporte au sujet, et qu'il soit mis au masculin, s'il se rapporte seulement au mot *air*. Ex. : *Cette proposition n'a pas l'air* **sérieuse** (VOLTAIRE). *Voilà une statue qui a l'air bien* **grossier** (FÉNELON).

§ 495. Les participes passés **approuvé, attendu, ci-inclus, ci-joint, excepté, non compris, passé, supposé, vu,** restent invariables quand ils sont placés devant le substantif et au commencement de la phrase. Ex. : **Approuvé** *l'écriture ci-dessus. Il fut exempté de cette charge,* **attendu** *son infirmité. Les voici, ces nouveaux conquérants, qui viennent sans armes,* **excepté** *la croix du Sauveur* (FÉNELON). — Si ces participes sont placés au milieu d'une phrase avec un substantif employé sans article, ils sont également invariables. Ex. : *Vous trouverez* **ci-joint** *copie du procès.* Mais si le substantif est précédé de l'article, le participe prend l'accord. Ex. : *Vous trouverez* **ci-jointe,** *ou* **ci-incluse,** *la copie de sa lettre.*

§ 496. L'adjectif **nu** placé avant le nom, sans accompagnement de l'article, est invariable et s'unit avec lui par un trait d'union. Ex. : **Nu**-*pieds,* **nu**-*tête.*

§ 497. **Demi** placé devant un nom est invariable. Ex. : *Vous pouvez vous en convaincre par une lecture d'une* **demi**-*heure* (BOSSUET). Il s'accorde avec le nom lorsqu'il le suit. Ex. : *Sans considérer censure ni* **demie** (LA FONTAINE).

§ 498. Les adjectifs **plein, franc** dans la locution *franc de port,* et **haut** dans la locution *haut la main,* restent invariables quand ils précèdent un nom ; ils sont variables quand ils le suivent. Ex. : *J'avais des fleurs* **plein** *mes corbeilles* (V. HUGO). *Une bouteille* **pleine** *de vin. Vous recevrez* **franc** *de port la lettre que je vous envoie. Vous en recevrez douze exemplaires* **francs** *de* *port* (J.-J. Rousseau). *Il l'a emporté sur son concurrent* **haut** *la main. La grammaire qui sait régenter jusqu'aux rois Et les fait, la main* **haute**, *obéir à ses lois* (Molière).

§ 499. L'adjectif **feu**, placé avant l'article, est invariable; placé après, il varie. Ex. : *J'ai ouï dire à* **feu** *ma sœur que sa fille et moi naquîmes la même année* (Montesquieu). *Une devise qui est peinte au Louvre dans l'antichambre de la* **feue** *reine mère Anne d'Autriche* (Bouhours).

§ 500. L'adjectif **possible** est invariable après une locution superlative, *le plus, le moins, le mieux, le meilleur*, etc. Ex. : *Un conquérant, afin de perpétuer son nom, extermine le plus d'hommes* **possible** (Fontenelle); c'est-à-dire *le plus d'hommes* **qu'il est possible**. Il varie naturellement dans tous les autres cas. Ex. : *Il faut considérer que tous les êtres qui existent actuellement existaient comme* **possibles** *dans l'entendement divin avant la création* (Bonnet).

§ 501. Lorsqu'un adjectif est composé de deux adjectifs (ou d'un adjectif et d'un participe) réunis par un trait d'union, les deux parties s'accordent avec le nom : *Des poires* **aigres-douces**.

§ 502. Il faut excepter **mort** qui reste toujours invariable dans les adjectifs composés. Ex. : *Deux enfants* **mort-nés** (Acad.).

§ 503. Mais si le premier des deux adjectifs est employé adverbialement, il ne varie point. Ex. : *L'herbe est* **clair-semée** (c'est-à-dire *clairement* semée); *ces personnages étaient* **court-vêtus** (c'est-à-dire *courtement* vêtus); *une fille* **nouveau**-*née* (c'est-à-dire *nouvellement* née).

§ 504. Les adjectifs composés qui désignent la couleur sont invariables. Ex. : *Des cheveux* **châtain-clair**, *des yeux* **bleu-foncé**, etc.

§ 505. Dans quelques phrases l'adjectif **frais** est employé au féminin pour satisfaire l'oreille, quand le sens demanderait le masculin pris adverbialement. Ex. : *Mes yeux cherchent en vain les fleurs* **fraîches** *écloses* (C. DE-LAVIGNE).

§ 506. Dans la locution *se faire fort*, le mot **fort** s'emploie toujours sans nombre ni genre. Ex. : *Ils demandèrent qu'il leur fût permis d'en faire part au Sénat, dont ils se faisaient* **fort** *d'avoir le consentement* (ROLLIN).

§ 507. Quelques adjectifs s'emploient au féminin dans diverses locutions adverbiales, par suite d'une ellipse de quelque nom féminin. Ex. : *Habit* à **la française** (c'est-à-dire à la mode française). *Attendez-vous* à **la pareille** (c'est-à-dire à une pareille manière d'agir). *Il m'en a conté de* **bonnes** (c'est-à-dire de bonnes histoires). *J'en ai appris de* **belles** (c'est-à-dire de belles histoires). *Il a recommencé de* **plus belle** (c'est-à-dire d'une plus belle manière). *Il a fait des* **siennes** (c'est-à-dire de ses fantaisies, de ses folies). *Nous avons fait des* **nôtres** (c'est-à-dire de nos fantaisies). *En voici bien* **d'une autre** (c'est-à-dire une chose surprenante). *Vous me* **la** *baillez* **belle** ; *vous me* **la** *baillez* **bonne** (c'est-à-dire une belle, une bonne histoire). *Vous l'avez* **belle** (c'est-à-dire une belle occasion). *Vous l'avez manqué, échappé* **belle** (c'est-à-dire une circonstance favorable ou périlleuse). *Ne pas* **la** *faire* **longue** (c'est-à-dire la vie).

2. COMPLÉMENT.

§ 508. Quand deux adjectifs veulent après eux la même préposition, ils peuvent avoir le même complément. Ex. : *Ce fils est utile et cher* à *sa mère*. Quand ils ne veulent pas la même préposition, chacun doit avoir le complément qui lui convient. Ex. : *Ce fils est utile* à *sa mère et il* **en** *est chéri*.

§ 509. *Paresseux* prend après lui les prépositions *de*

et *à*. Ex. : *Quoiqu'il ne soit point paresseux* de *m'écrire*
je n'ai jamais de lettres comme les autres (Mme DE SÉVIGNÉ
Je sais que vous êtes un peu paresseux d'*écrire* (VOLTAIR
Être paresseux à *se lever*.

3. PLACE DE L'ADJECTIF.

§ 510. Les adjectifs qualificatifs peuvent en général
mettre avant ou après le nom. L'usage détermine
place qu'ils doivent occuper. Il y a des cas où certai
adjectifs changent de signification suivant qu'ils précède
ou suivent le nom. Ex. :

homme bon, c.-à-d. plein de bonté;	*bon homme*, c.-à-d. u peu naïf;
homme grand, c.-à-d. de haute taille;	*grand homme*, c.-à-d. tr supérieur aux autr hommes;
homme brave, c.-à-d. plein de bravoure ;	*brave homme*, c.-à-d. bo et obligeant ;
homme galant, c.-à-d. qui a de la galanterie ;	*galant homme*, c.-à-d. d'u grande probité ;
homme honnête, c.-à-d. poli ;	*honnête homme*, c.-à-d. ple d'honneur, de probit
homme pauvre, c.-à-d. qui n'est pas riche;	*pauvre homme*, c.-à-d. q fait pitié ;
air faux, c.-à-d. dissimulé;	*faux air*, c.-à-d. apparen
livre triste, c.-à-d. qui porte à la tristesse.	*triste livre*, c.-à-d. sa mérite.

4. DEGRÉS DE SIGNIFICATION.

§ 511. Les adjectifs *meilleur*, *pire*, *moindre* peuven
comme les comparatifs formés avec *plus*, *moins*, *auss*

être suivis de la conjonction *que*, précédant le second terme de la comparaison. Ex. : *Et la fausse pitié, pire* **que** *le mépris* (VOLTAIRE). *Ils étaient plus que rois, ils sont moindres* **qu'**esclaves (CORNEILLE). *La mort m'est meilleure* **que** *la vie* (SACY).

§ 512. Avec les comparatifs *antérieur, postérieur, supérieur, inférieur*, etc., le second terme de la comparaison est marqué par la préposition **à**. Ex. : *Leur règle est postérieure* **à** *la nôtre de cinq cents ans* (PATRU).

§ 513. Quoique l'adjectif *extrême* soit un véritable superlatif, l'usage des bons écrivains, sanctionné par l'Académie, lui donne des degrés de comparaison. Ex. : *Le retour* **plus** *extrême qu'auparavant dans le vice* (MASSILLON). *La nouvelle de l'acceptation du testament de Philippe IV avait causé à Madrid* **la plus** *extrême joie* (SAINT-SIMON).

§ 514. Le superlatif relatif n'a pas toujours été distingué du comparatif, dont il ne diffère que par l'article.

§ 515. **Pire** s'emploie avec les substantifs masculins et féminins ; **pis** est un neutre qui s'emploie isolément ou comme attribut. Ex : *Souvent la peur d'un mal nous conduit dans un* **pire** (BOILEAU). *Que m'offrirait de* **pis** *la fortune ennemie ?* (CORNEILLE.)

SECTION II

Adjectifs déterminatifs.

1. ADJECTIFS NUMÉRAUX.

§ 516. Les adjectifs numéraux cardinaux sont invariables. Ex. : **Trois** *enfants*, **huit** *chevaux*, *le conseil des* **Cinq**, etc. Il faut excepter *un, vingt* et *cent*.

§ 517. **Un** fait au féminin *une*. Ex. : *Deux pommes et* **une** *poire*.

§ 518. **Vingt** et **cent** restent invariables quand ils ne sont précédés d'aucun autre nombre. Ex. : **Vingt** *fois sur le métier remettez votre ouvrage* (BOILEAU).

§ 519. Ils prennent le signe du pluriel lorsqu'ils sont multipliés par un adjectif numéral et qu'ils ne sont pas eux-mêmes suivis d'un autre nombre. Ex. : *Quatre-***vingts** *ans. Quatre-***vingt**-*quatre hommes. Cinq* **cents** *écus. Trois* **cent** *trente chevaux.*

§ 520. **Mil** sert à exprimer la date de l'année quand il n'y a qu'un millier et qu'il s'agit de l'ère chrétienne. Ex. : *L'an* **mil** *huit cent quatre-vingt-cinq.* On emploie **mille** quand il s'agit de plusieurs milliers ou d'une ère autre que l'ère chrétienne. Ex. : *L'an deux* **mille** *quatre cent quarante* (Titre d'un ouvrage de Mercier). *L'an du monde* **mille** *trois cent vingt.*

§ 521. On emploie un adjectif numéral cardinal pour un ordinal dans trois cas : 1° Après le nom d'un souverain. Ex. : *Louis* **quatorze**, *Napoléon* **trois**. *Premier* fait exception. Ex. : *Henri* **premier** ; 2° Pour indiquer la division d'un livre. Ex. : *Chapitre* **trois**, *page* **trente**, etc. ; 3° Pour indiquer une date. Ex. : *Le* **quatorze** *juillet, l'an* **mil** huit **cent** trente. — Lorsque *vingt* et *cent* sont employés à la place d'un adjectif ordinal, ils restent invariables. Ex. : *Page trois* **cent**.

2. ADJECTIFS POSSESSIFS.

§ 522. L'adjectif possessif se répète devant plusieurs adjectifs, lorsque ces adjectifs se rapportent à des personnes ou à des choses différentes. Ex. : **Notre** *bonne et* **notre** *mauvaise fortune.*

§ 523. La répétition n'a pas lieu lorsque les adjectifs qualifient la même personne ou la même chose. Ex. : **Nos** *belles et fertiles plaines.*

§ 524. Les adjectifs possessifs peuvent être remplacés par l'article toutes les fois que le rapport de possession est suffisamment marqué par le sens de la phrase. Ex. : *J'ai les yeux fatigués; vous avez les jambes enflées.*

§ 525. On emploie au contraire l'adjectif possessif : 1° si l'on veut donner plus de force à l'expression. Ex. : *Le commandant phénicien, arrêtant ses yeux sur Télémaque, croyait se souvenir de l'avoir vu* (FÉNELON); 2° Pour désigner quelque chose d'habituel et de périodique. Ex. : *j'ai ma migraine* (c'est-à-dire la migraine dont je souffre périodiquement); 3° Pour appeler l'attention sur un objet et le désigner d'une manière spéciale. Ex. : *Je souffre à mon bras, à ma jambe* (c'est-à-dire au bras, à la jambe qui sont depuis longtemps affectés de telle ou telle maladie).

§ 526. Quand on parle d'une chose, d'un objet inanimé, on remplace en général, dans le complément direct, l'adjectif par le pronom *en* et l'article. Ex. : *Nourri dans le sérail, j'en connais les détours* (RACINE, *Bajazet*). *Néron, bourreau de Rome, en était l'histrion* (DELILLE).

3. ADJECTIFS INDÉFINIS.

§ 527. **Aucun** est essentiellement du nombre singulier, comme *un* dont il est dérivé. Ex. : *L'orateur n'en doit encourir aucun reproche* (TOURREIL). Cependant plusieurs bons écrivains l'ont employé au pluriel. Ex. : *Et quand nous n'en craindrons aucuns ordres sinistres, Nous périrons par ceux de ses lâches ministres* (CORNEILLE, *Sertorius*). *Elles n'étaient prévenues d'aucunes idées contraires* (FONTENELLE, *Élog. des Acad.*).

§ 528. *Aucun* a originairement le sens positif de *quelque*, mais il n'est plus guère usité en ce sens que dans les phrases interrogatives ou dubitatives. Ex. : *Ont-ils dans notre armée* **aucun** *commandement ?* (CORNEILLE.)

§ 529. **Autre** forme plusieurs idiotismes et phrases elliptiques, telles que *à d'autres* ou *à l'autre* signifiant : Allez conter ces sornettes à un autre, à d'autres, à des gens plus crédules. Ex. : **A d'autres**, *nous sommes du métier* (OUDIN). **A l'autre**, *avec son phœbus* (DESTOUCHES). On dit encore : *Il n'en fait pas* **d'autres** (sous-entendu sottises). *J'en ai bien vu* **d'autres** (des choses plus extraordinaires). *Il en sait bien* **d'autres** (sous-entendu ruses), etc.

§ 530. Dans la locution *l'un et l'autre* toute préposition placée devant *l'un* doit être répétée devant *l'autre*, si les deux objets sont considérés comme distincts. Ex. : *Vous serez* **puni** *dans l'un et* **dans** *l'autre cas.* Si les deux objets sont réunis par la pensée en une sorte d'idée collective, la préposition peut ne pas se répéter. Ex. : **Dans** *l'une et l'autre armée* (CORNEILLE).

§ 531. **Certain**, employé comme adjectif indéfini et signifiant un, quelque, précède toujours le substantif. Ex. : **Certain** *chagrin conçu dans l'esprit de la reine* (ROTROU, *Bélisaire*). Il suit au contraire le substantif quand il est employé comme adjectif qualificatif et qu'il veut dire fixe, arrêté. Ex. : *C'est de choisir toujours un but* **certain** *à suivre* (CORNEILLE).

§ 532. **Chaque** est un adjectif qui s'emploie pour le masculin et pour le féminin (au singulier), et qui accompagne toujours un substantif. Ex. : **chaque** *personne*, **chaque** *chose*. Il ne faut donc pas dire : *Ces fruits valent un franc* **chaque**, mais *un franc* **chacun**.

§ 533. **Même** a deux sens différents suivant qu'il est placé avant ou après le substantif. Placé avant le substantif, il indique l'identité ou la comparaison et répond au latin IDEM. Ex. : *J'appelai de l'exil, je tirai de l'armée Et ce* **même** *Sénèque et ce* **même** *Burrhus* (RACINE,

Britannicus). *Ils lui gardèrent la* **même** *fidélité qu'ils avaient gardée aux Perses* (BOSSUET). Placé après le substantif, il désigne plus expressément les personnes ou les choses et répond au latin IPSE. Ex. : *Cette Esther, l'innocence et la sagesse* **même** (RACINE).

§ 534. **Nul**, employé comme adjectif indéfini et signifiant *pas un*, se met avant le substantif; il doit toujours être accompagné d'une négation. Ex. : **Nul** *péril* **ne** *l'émeut*, **nul** *respect* **ne** *le touche* (VOLT.), à moins qu'il ne soit précédé de la préposition *sans*. Ex. : *C'est moi-même, Messieurs, sans* **nulle** *vanité* (MOLIÈRE). Lorsque *nul* est pris comme adjectif qualificatif et signifie sans valeur, il se met après le substantif et s'emploie sans adverbe de négation. Ex. : *Les conventions* **nulles** *sont celles qui, manquant de quelque caractère essentiel, n'ont pas la nature d'une convention* (DOMAT).

§ 535. *Nul*, adjectif indéfini, peut s'employer avec le pluriel. Ex. : **Nulles** *provisions*, **nuls** *vivres* (FONTENELLE). *Nous n'avons* **nuls** *monuments bien assurés des premiers temps de Rome* (J.-J. ROUSSEAU).

§ 536. **Quelque**, adjectif indéfini, suit la règle d'accord de tous les autres adjectifs, qu'il soit ou non suivi d'un autre adjectif. Ex. : *Ellis a trouvé des cygnes jusque sur l'île de Marbre qui n'est qu'un amas de rochers bouleversés, à l'entour de* **quelques** *petits lacs d'eau douce* (BUFFON). *Princes,* **quelques** *raisons que vous me puissiez dire, Votre devoir ici n'a point dû vous conduire* (RACINE). *De* **quelques** *superbes distinctions que se flattent les hommes, ils ont tous une même origine* (BOSSUET).

§ 537. Lorsque **tel**, suivi de *que*, indique similitude, l'accord se fait avec le premier terme de la comparaison. Ex. : *Les mines les plus riches et les plus abondantes sont en Amérique, mais surtout dans les endroits froids de ce continent,* **tels** *que la Potosi* (VALMONT DE BOMARE).

§ 538. **Tout**, adjectif indéfini, suit la règle générale d'accord des adjectifs. Ex. : *La chèvre est robuste, aisée à nourrir, presque* **toutes** *les herbes lui sont bonnes* (Buffon). Employé adverbialement il présente diverses particularités qui seront expliquées, quand on parlera de l'adverbe.

§ 539. *Tout* employé comme substantif fait au pluriel *touts*. Ex. : *Plusieurs* **touts** *distincts les uns des autres* (Acad.).

§ 540. **Pas un**, sans l'adverbe négatif *ne*, peut devenir synonyme de quelque, quelqu'un. Ex. : *Si j'en connais* **pas un**, *je veux être étranglé* (Racine). Dans les réponses, il a toujours le sens négatif. Ex. : *Reste-t-il quelques fusils?* — **Pas un**.

CHAPITRE IV

SYNTAXE DU PRONOM

SECTION I

Pronom personnel.

§ 541. Quand le pronom personnel remplace deux ou plusieurs noms de personnes grammaticalement différentes, il se met à la première personne s'il y en a une ; sinon il se met à la deuxième. Ex. : *Vous, lui et moi* **nous** *nous aimons beaucoup. Toi et lui,* **vous** *êtes également aimables.*

§ 542. Quand deux propositions se suivent, que l'une est négative et l'autre affirmative, il faut répéter le pronom. Ex. : **Vous** *ne l'estimez pas et* **vous** *le suivez.* **Vous** *ne travaillez pas et* **vous** *voulez des succès.*

§ 543. **Moi, toi, lui, eux** s'emploient en général comme compléments indirects, avec ou sans préposition. Ex. : *Donnez*-**moi** *ce livre. Je viens vers* **toi**. *Adressez-vous à* **eux**, etc.

§ 544. Ils s'emploient comme compléments directs dans les réponses, ou pour redoubler les compléments directs *me, te*. Ex. : *Voudriez-vous me perdre,* **moi** *votre allié ? Qui a-t-on voulu désigner ? —* **Moi**.

§ 545. Ils s'emploient comme sujets : 1° Quand ils sont mis en apposition devant un pronom de la même personne. Ex. : *Vous l'appelez hypocrite,* **moi** *je le crois dévot, sincère et de bonne foi* (P.-L. Courier); 2° Quand ils sont unis avec un substantif. Ex. : *M*^{me} *de Vins et* **moi** *en attrapons ce que nous pouvons* (Sévigné); 3° Pour marquer une opposition ou pour insister. Ex. : **Lui** *pense ainsi, mais* **eux** *pensent autrement. L'homme consomme, engloutit* **lui** *seul plus de chair que tous les animaux ensemble n'en dévorent* (Buffon).

§ 546. Dans une formule d'autorité, ou par politesse, **nous** et **vous** s'emploient souvent au lieu de *je* et *tu*; alors le verbe se met au pluriel, mais les autres mots restent au singulier. Ex. : **Nous** *soussigné, préfet de... arrêtons ce qui suit. Mon ami,* **vous** *serez estimé si* **vous** *êtes sage.*

§ 547. Les pronoms personnels *moi, me, te, nous, vous*, se mettent quelquefois familièrement avec un verbe d'une manière explétive, pour donner du mouvement à la phrase. Ex. : *Qu'on* **me** *l'égorge tout à l'heure; qu'on* **me** *lui fasse griller les pieds; qu'on* **me** *le mette dans l'eau bouillante, et qu'on* **me** *le pende au plancher* (Molière). *Prends*-**moi** *le bon parti, laisse là tous tes livres* (Boileau).

§ 548. Les pronoms personnels faisant fonction de sujet précèdent en général le verbe. Ils le suivent : 1° Dans les phrases interrogatives. Ex. : *Où allons*-**nous** ? *Sortez*-

vous? 2° Dans les phrases exclamatives. Ex. : *Dieux! que ne suis-je assise à l'ombre des forêts!* (RACINE.) 3° Dans certaines formules employées pour citer des paroles prononcées par une autre personne. Ex. : *Dit*-il, *s'écria-t*-il, *répondit*-il, etc. 4° Dans les propositions suppositives. Ex. : *Eussé-je, dussé-je,* etc.

§ 549. On peut placer le pronom personnel sujet, soit après, soit avant le verbe, quand il y a dans la phrase les conjonctions ou adverbes suivants : *aussi, en vain, peut-être, souvent, toujours, à peine, encore,* etc. Ex. : *Peut-être est*-il *sorti. Encor n'usa-t*-il *pas de toute sa puissance* (LA FONTAINE). *Aussi ferai*-je (BEAUMARCHAIS).

§ 550. Si le verbe est à l'impératif, le pronom complément le suit quand le sens est affirmatif, et le précède quand le sens est négatif. Ex. : *Suivez*-**nous**. — *Ne* **nous** *suivez pas.*

§ 551. Si le verbe à l'impératif a deux compléments, l'un direct, l'autre indirect, le complément direct se place le premier. Ex. : *Donnez*-**le**-*moi*. — *Envoyez*-**la**-*nous*.

§ 552. Dans les propositions non impératives les pronoms servant de complément direct ou indirect se mettent toujours avant le verbe. Ex. : *Je* **vous** *ai vus hier. Je ne* **le** *connais pas.* Ces pronoms doivent cependant se placer après le verbe s'ils sont accompagnés d'un autre complément. Ex. : *J'ai rencontré son frère et* **lui**.

On met, comme compléments directs :	On met, comme compléments indirects :
Avant le verbe :	*Avant le verbe :*
me, te, se ; le, la, les.	me, te, se ; lui, leur.
Après le verbe :	*Après le verbe :*
moi, toi, soi.	moi, toi, soi ; eux, elles.

§ 553. Dans les phrases interrogatives, les pronoms de la 3° personne (*il, elle ; ils, elles*) se placent après le verbe, même quand le sujet du verbe est exprimé. Ex. : *Votre père est-il arrivé ?* Ce pléonasme se rencontre encore dans les propositions suppositives et après quelques conjonctions ou adverbes, tels que : *aussi, en vain, peut-être, toujours, à peine, encore,* etc. Ex. : *Rome dût-elle périr ! A peine une résolution était-elle prise, que...* (Fénelon).

§554. On emploie encore d'une manière pléonasmatique le pronom de la 3e personne pour rappeler un complément mis au commencement de la phrase par inversion. Ex. : *Le bien, nous le faisons ; le mal, c'est la Fortune* (La Fontaine). *Cette justice, qui nous est quelquefois refusée par nos contemporains, la postérité sait nous la rendre* (La Bruyère).

§ 555. Le pronom *il* s'emploie au neutre avec les verbes impersonnels ou pris impersonnellement. Ex. : *Il pleut, il neige. Dès la première expédition en Terre-sainte il se croisa plus de trois cent mille hommes* (Mézeray). Dans des phrases comme cette dernière *il* sert de sujet grammatical à un verbe qui a un autre sujet logique.

§ 556. **Le** est variable quand il remplace un nom pris dans un sens déterminé ou un adjectif pris substantivement. Ex. : *Les serments font l'hymen, et je suis ton épouse : Oui, je la suis, Énée !* (Lefranc de Pompignan, *Didon.*)

§ 557. *Le* est invariable et signifie *cela,* quand il rappelle l'idée d'un adjectif, d'un nom pris adjectivement, c'est-à-dire dans un sens indéterminé, d'un infinitif ou d'un membre de phrase. Ex. : *Jamais on n'a été aimée si parfaitement d'une fille que je le suis de vous* (Mme de Sévigné). *La même justesse d'esprit qui nous fait écrire de bonnes choses, nous fait appréhender qu'elles ne le soient pas assez pour mériter d'être lues* (La Bruyère).

§ 558. Les pronoms **se, soi** sont en général employés comme pronoms réfléchis. Ex. : *Un fils ne s'arme point*

7.

contre un coupable père (VOLTAIRE). *Qui n'aime que* **soi**
seul, de **soi** *seul est aimé* (SAURIN).

§ 559. Le pronom *soi* ne s'emploie guère, quand on
parle des personnes, qu'après les adjectifs ou pronoms
indéfinis *on, chacun, quiconque, nul, personne,* ou après
un infinitif employé d'une manière indéterminée. Ex. : *Il
est rare qu'on ne fasse du mal qu'à* **soi** (DIDEROT). *Il faut
être tout à fait comme les autres ou tout à fait comme* **soi**
(J.-J. ROUSSEAU).

§ 560. *Soi* s'emploie après les noms de choses, déterminés ou indéterminés. Ex. : *La recommandation que
porte avec* **soi** *la vertu* (FLÉCHIER). *Célébrez la gloire
immortelle D'un cœur toujours maître de* **soi** (FONTENELLE).
L'esprit de commerce entraîne avec **soi** *celui de frugalité*
(MONTESQUIEU).

§ 561. Le pronom **en** remplace en général *de lui,
d'elle, d'eux, d'elles;* et le pronom **y**, *à lui, à elle, à eux,
à elles,* lorsqu'il s'agit de choses. Ex. : *La vie est un
dépôt confié par le ciel. Oser* **en** *disposer, c'est être cri-
minel* (GRESSET). *Dure à jamais le mal, s'il* **y** *faut ce
remède!* (CORNEILLE.) *En* et *y* s'emploient très fréquemment aussi de la même manière quand il s'agit de personnes. Ex. : *C'est un véritable ami, je n'oublierai jamais
les services que j'*en *ai reçus* (ACAD.). *Silanus qui l'aimait*
(Octavie) *s'*en *vit abandonné* (RACINE). *C'est un homme
équivoque, ne vous* **y** *fiez pas* (ACAD.). *Vouloir oublier
quelqu'un, c'est* **y** *penser* (LA BRUYÈRE). *Mais pour* **y** *re-
noncer, Polixène est trop belle* (T. CORNEILLE).

§ 562. *En, y* peuvent aussi remplacer les pronoms des
deux premières personnes précédés des prépositions *de*
ou *à*. Ex. : *Rien ne peut me distraire de penser à vous;
j'*y *rapporte toutes choses* (SÉVIGNÉ).

§ 563. *En, y* employés comme neutres, peuvent représenter des propositions et signifient *de cela, à cela.*

Ex. : *Elle tâche à se vaincre et son cœur* **y** *succombe* (Corneille). *Que les eaux roulent à grand bruit, Que l'univers* **en** *soit détruit* (Corneille).

§ 564. Lorsque les pronoms *en* et *y* suivent immédiatement un impératif terminé par une voyelle, cet impératif prend une *s* s'ils en sont le complément. Il n'en prend pas, si *en*, *y*, sont complément d'un verbe qui suit l'impératif. On dira donc : *Va à la campagne, vas-***y** *voir ton père ; rapportes-***en** *des fruits, manges-***en** *dans la route ;* et d'autre part : *Va à la campagne, va* **y** *mettre ordre. mènes-***y** *des ouvriers, sache* **en** *trouver, daigne* **y** *mener ton père*, etc.

SECTION II
Pronom démonstratif.

§ 565. Les pronoms démonstratifs **celui**, **celle**, **ceux**, **celles**, ne peuvent point être suivis immédiatement d'un adjectif ou d'un participe. On ne doit donc pas dire : *Les personnes présentes et* **celles** *déjà parties*, mais bien : *Les personnes présentes et celles qui sont déjà parties*.

§ 566. Dans **celui-ci**, **celui-là**, **ceux-ci**, etc., *ci* marque le rapprochement, *là* marque l'éloignement. Ex. : *Vivaient le cygne et l'oison :* **Celui-là** *destiné pour les regards du maître ;* **Celui-ci** *pour son goût* (La Fontaine). Dans cette phrase *celui-là* désigne le premier nom exprimé, le cygne ; *celui-ci* désigne le second, l'oison.

§ 567. De même lorsque **ceci**, **cela**, sont mis en opposition, *ceci* désigne l'objet qui est le plus près de nous, et *cela* l'objet qui en est le plus éloigné. Ex. : **Ceci** *est beau*, **cela** *est laid*. *Ceci* s'applique à ce qui va suivre, *cela* à ce qui précède. On dira donc : *Dites à votre ami de ma* part **ceci** : *il est nécessaire qu'il prenne garde à lui*, et d'autre part : *Il est nécessaire qu'il prenne garde à lui, dites-lui* **cela** *de ma part.*

§ 568. **Ce** s'emploie pour *il, ils, elles*, comme sujet d'une proposition dont l'attribut n'est pas un adjectif. Ex. : *Chez eux, ces hommes sont des despotes; à la cour* **ce** *sont des valets* (La Bruyère). Si l'attribut est un adjectif *ce* s'emploie pour *cela* dans le discours familier. Ex. : **C'est** *urgent, car il a le transport au cerveau* (Cas. Delavigne).

§ 569. *Ce*, dans les phrases interrogatives, sert à donner de la vivacité à la pensée. Ex. : *Quoi donc, à votre avis, fut-***ce** *un fou qu'Alexandre?* (Boileau.)

§ 570. *Ce*, joint au verbe *être* en tête d'une phrase et suivi de la conjonction *que*, rend l'expression plus claire, plus énergique. Ex. : **C'est** *se taxer hautement d'un défaut* **que** *se scandaliser qu'on le reprenne* (Molière).

§ 571. *Ce* s'emploie pour *cela* dans un certain nombre de locutions toutes faites. Ex. : *Et de* **ce** *non content Aurait avec le pied réitéré* (Racine). *Quoique partout,* **ce** *semble, accablé sous le nombre* (Racine). *Écrivez-moi, de grâce, vos petites réflexions sur* **ce** (Voltaire). *Je devais,* **ce** *dis-tu, te donner quelque avis Qui te disposât à la chose* (La Fontaine).

SECTION III

Pronom relatif ou conjonctif.

§ 572. **Qui**, précédé d'une préposition, se dit des personnes et des choses personnifiées. Ex. : *Il y a du plaisir à rencontrer les yeux de celui à* **qui** *l'on vient de donner* (La Bruyère). *C'est lui de* **qui** *le puissant bras Fit toutes ces merveilles* (Racine).

§ 573. **Lequel, laquelle,** etc., précédés d'une préposition, se disent des animaux et des choses. Ex. : *Les Lapons danois ont un gros chat noir* **auquel** *ils confient tous leurs secrets* (BUFFON). *La surface de la terre est le fonds commun* **duquel** *l'homme et les animaux tirent leur subsistance* (BUFFON).

§ 574. **Qui** peut s'employer sans antécédent comme sujet et comme complément. Dans ce cas il s'applique en général aux personnes et est toujours du masculin singulier. Ex. : **Qui** *veut voyager loin ménage sa monture* (RACINE). *Je veux devoir le sceptre à* **qui** *je dois le jour* (RACINE). *Quiconque est payé dépend de* **qui** *le paie* (LAMENNAIS).

§ 575. Lorsque *qui* employé sans antécédent remplit le rôle de sujet, le second verbe ne peut avoir de sujet énoncé ; c'est l'antécédent sous-entendu qui est le sujet. Ex. : **Qui** *ne voit pas la vanité du monde est bien vain lui-même* (PASCAL).

§ 576. Lorsque le pronom *qui* est sujet d'un verbe, ce verbe s'accorde en nombre et en personne avec le pronom, qui prend lui-même le nombre et la personne de son antécédent. Ex. : *N'accuse point mon sort, c'est toi seul* **qui** *l'as fait* (CORN., *Cinna*). *Fille d'Agamemnon, c'est moi* **qui** *la première, Seigneur, vous* **appelai** *de ce doux nom de père* (RACINE, *Iphig.*). *C'est vous seuls (les riches et les puissants)* **qui** **donnez** *à la terre des auteurs pernicieux, des écrivains profanes* (MASSILLON).

§ 577. Quand *qui* est précédé d'un substantif ou d'un adjectif tenant lieu de substantif, on peut mettre le verbe de la proposition subordonnée à la personne du sujet ou à la troisième personne, selon qu'on veut attirer l'attention sur le sujet ou sur l'attribut de la proposition principale. Ex. :

Souviens-toi que je suis le seul qui t'a déplu (FÉNE-LON).

Je suis l'homme qui accou-cha d'un œuf (VOLTAIRE).

Nous sommes les deux reli-gieux de saint Bernard qui voyagent pour leurs affaires (MART., *Jour. Gr.*).

Êtes-vous encore ce même grand seigneur qui venait souper chez un misérable poète ? (BOILEAU.)

Pour moi je ne suis qu'un particulier qui ne me mêle de rien (RETZ).

Laissez-moi faire, je suis homme qui sais ma cour (MOLIÈRE).

Nous sommes deux religieux de saint Bernard qui voya-geons pour nos affaires (FLORIAN).

Nous sommes des individus qui exposons notre sen-timent (MIRABEAU).

§ 578. *Qui* se dit aussi absolument en parlant de choses dans quelques locutions, telles que : **qui** *pis est,* **qui** *plus est, voilà* **qui** *me convient, voici* **qui** *vous plaira.* *Bacchus le déclare hérétique Et janséniste,* **qui** *pis est* (BOILEAU).

§ 579. *Qui* répété et employé distributivement signifie *les uns... les autres.* Ex. : *Les médecins ont raisonné là-dessus et n'ont pas manqué de dire que cela procédait,* **qui** *du cerveau,* **qui** *des entrailles,* **qui** *de la rate,* **qui** *du foie* (MOLIÈRE).

§ 580. **Qui** s'emploie encore elliptiquement dans quel-ques locutions, telles que *à qui mieux mieux.*

§ 581. **Que** peut remplacer, en parlant des choses, *pen-dant lequel, dans lequel.* Ex. : *L'hiver* **qu'**il fit si froid (ACAD.). *Le jour* **que** *cela est arrivé* (ACAD.). Il peut s'em-ployer aussi pour signifier *par qui, par lequel, auquel, duquel, selon lequel.* Ex. : *De la façon enfin* **qu'**avec toi *j'ai vécu, Les vainqueurs sont jaloux du bonheur du vaincu* (CORN., *Cinna*). *Me voyait-il de l'œil* **qu'**il me

voit aujourd'hui? (RACINE, *Androm.*) *Je tournai la tête
du côté* que *partait la voix* (LESAGE).

§ 582. **Ce que** forme une locution conjonctive du genre
neutre dans laquelle *que* joue le rôle tantôt d'attribut,
tantôt de complément. Ex. : *Vous êtes aujourd'hui* ce
qu'*autrefois je fus* (CORNEILLE). *Et rose elle a vécu* ce
que *vivent les roses : L'espace d'un matin* (MALHERBE).

§ 583. **Qui, que,** s'emploient comme pronoms interrogatifs, *qui* pour les personnes et *que* pour les choses.
Ex. : *Et* qui *sait ce qu'un jour ce fils peut entreprendre?*
(RACINE.) *Qu'est ceci, mes enfants? Écoutez-vous vos
flammes?* (CORNEILLE.)

§ 584. *Qui* et *que* s'emploient aussi pour exprimer une
interrogation indirecte. Ex. : *Je ne sais* qui *vous deman-
dez. Je ne sais* que *répondre.*

§ 585. *Que* s'emploie interrogativement au sens de
pourquoi? à quoi? Ex. : *Que parlez-vous ici d'Albe et de
sa victoire?* (CORNEILLE.) *Du zèle de ma loi* que *sert de
vous parer?* (RACINE.)

§ 586. **Quoi,** pronom relatif, s'emploie avec les noms
indéterminés ou pour représenter toute une proposition.
Ex. : *C'est tout ce de* quoi *j'ai besoin* (MALHERBE). *De ses
derniers honneurs les magnifiques pompes Ne sont qu'illu-
sions avec* quoi *tu me trompes* (CORNEILLE). On s'en sert
aussi quand on peut assimiler la chose ou l'idée dont il
s'agit à quelque chose d'indéterminé. Ex. : *Nous perdons
l'unité de notre existence, en* quoi *consiste notre tran-
quillité* (BUFFON).

§ 587. *Quoi* s'emploie quelquefois avec ellipse d'un
substantif ou d'un pronom neutre qui devrait lui servir
d'antécédent. Ex. : *Cléopâtre a de* quoi *vous mettre
tous en poudre* (CORNEILLE). *Voilà sur* quoi *je veux...*
(RACINE).

§ 588. *Quoi* sans antécédent peut être suivi du relatif

que et équivaut à *quelque chose que.* Ex. : **Quoi** *que vous disiez.*

§ 589. *Quoi* interrogatif est en général complément. Ex. : *Hélas! de* **quoi** *me sert ce dessein salutaire Si pour en voir l'effet tout me devient contraire?* (CORNEILLE.) Cependant il s'emploie parfois comme sujet. Ex. : **Quoi** *de plus heureux que ce qui vous arrive?* (ACAD.)

§ 590. **Dont** se dit des personnes et des choses et s'emploie dans une foule de cas, au lieu des pronoms *de qui, duquel, de laquelle, de quoi, desquels, desquelles.* Ex. : *Comme ami de son maître de musique,* **dont** *j'ai obtenu le pouvoir de dire qu'il m'envoie à sa place* (MOLIÈRE). *Un désert* **dont** *il* (l'aigle) *défend l'entrée* (BUFFON).

§ 591. Avec les verbes marquant l'origine, l'extraction, la sortie, *dont* ne se dit que des personnes. Avec les noms de choses on emploie *d'où.* Ex. : *Les héros* **dont** *il descend ; la maison* **d'où** *il vient.*

§ 592. **Où** avec un nom pour antécédent remplace dans toute sorte de cas le pronom *lequel* complément d'une préposition et la préposition qui le gouvernerait. Ex. : *L'attente* **où** *j'ai vécu n'a point été trompée* (CORNEILLE). *Le déplorable état* **où** *je vous abandonne* (CORNEILLE). *David fit une faute considérable* **où** *le jeta son bon naturel* (BOSSUET).

§ 593. La construction ordinaire veut que le pronom relatif ne soit pas séparé de son antécédent. Quelquefois cependant on les sépare ; en ces cas le goût et l'oreille décident. Ex. : *Et le chemin est court* **qui** *mène jusqu'à lui* (RACINE). *Un loup survint à jeun,* **qui** *cherchait aventure* (LA FONTAINE). Le pronom relatif doit être placé de manière à ne laisser aucun doute sur le mot auquel il se rapporte.

SECTION IV

Pronoms indéfinis.

§ 594. Lorsque le pronom indéfini **on** désigne clairement *une femme, l'adjectif qui s'y rapporte se met au
féminin. Ex. : *On ne peut jamais être plus* **étonnée** *que
je le suis* (Sévigné). *Quand on a l'esprit bien fait, on
n'est pas* **aisée** *à gager* (Sévigné). *On est si* **touchée**
*de la mort de son mari qu'on n'en oublie pas la moindre
circonstance* (La Bruyère).

§ 595. *On* peut quelquefois prendre l'adjectif pluriel,
masculin ou féminin. *Le cimetière avait inscrit sur sa
grand'porte : Ici l'on est* **égaux**, *et la bête est bien morte*
(Ana). *On est* **réconciliées** (Mme de Sévigné et sa fille)
(Abbé de Vauxcelles).

§ 596. *On* admet devant lui l'article *l'*, particulièrement
dans les cas où l'euphonie le demande. Ex. : *Mais puisque* **l'on** *s'obstine à m'y vouloir réduire* (Molière).

§ 597. Le pronom **chacun** veut après lui tantôt *son*, *sa*,
ses, tantôt *leur*, *leurs*. *Chacun* s'emploie avec *son*, *sa*, *ses* :
1° Lorsqu'il est sujet du verbe. Ex. : *Chacune avait* **sa**
brigue et de puissants suffrages (Racine). *Elles prépa-
raient les autres plaisirs, chacune selon* **son** *office* (La
Fontaine); 2° Lorsqu'il est placé après le complément du
verbe ou lorsqu'il n'y a point de complément. Ex. : *Tout
cela agité, approfondi, discuté et disputé entre nous deux
nous laissa chacun dans* **sa** *persuasion* (Saint-Simon).

§ 598. *Chacun* s'emploie avec *leur*, *leurs*, quand il est
placé avant le complément direct. Ex. : *Les abeilles bâtis-
sent chacune* **leur** *cellule* (Buffon).

§ 599. A la première et à la seconde personne, *chacun*
exige le possessif du pluriel. Ex. : *J'ai le bonheur de voir*

au-delà le temps où nous arriverons chacune de **notre** *côté* (M^mo DE SÉVIGNÉ).

§ 600. Les auteurs emploient souvent la locution *un chacun* pour *chacun*. Ex. : *Qu'à sa manière* **un chacun** *se gouverne* (LAGRANGE CHANCEL). L'Académie donne *un chacun* comme sorti de l'usage ; cependant il a été encore employé par de bons écrivains du XIXe siècle.

§ 601. **Quiconque** peut être le sujet de deux propositions ou le complément de l'une et le sujet de l'autre. Ex. : **Quiconque** *flatte ses maîtres les trahit* (MASSILLON). *Elle doit épouser, non pas vous, non pas moi, Mais de vous, mais de moi* **quiconque** *sera roi* (CORNEILLE).

§ 602. **Personne** employé comme pronom indéfini est toujours du masculin et du singulier. Ex. : *Il n'y a personne qui n'entre tout* **neuf** *dans la vie* (FONTENELLE). *Il n'y a personne* **exempt** *de douleur* (RACINE).

§ 603. *Personne* signifie quelqu'un, qui que ce soit. Ex. : *Comment voulez-vous que* **personne** *vous vienne jamais voir?* (RACINE.) *Se croyant plus habiles que* **personne** (RACINE).

§ 604. *Personne* s'emploie avec la négation pour signifier nulle personne. Ex. : **Personne** *presque ne s'avise de lui-même du mérite d'un autre* (LA BRUYÈRE). La négation se supprime dans des phrases elliptiques comme celles-ci : *Quoi, cousine, personne ne t'est venu rendre une visite?* — **Personne** *du monde* (MOLIÈRE). **Personne** *dans les rues,* **personne** *aux portes de la ville* (CHATEAUBRIAND).

§ 605. **Rien** signifie quelque chose. Ex. : *Et, si* **rien** *à présent peut troubler son bonheur, C'est de te voir pour lui répandre tant de larmes* (RACAN). *Dis-je* **rien** *qu'il ne sache?* (CORNEILLE.) *Ennuyé d'être sans* **rien** *faire* (RACINE).

§ 606. *Rien* s'emploie avec la négation pour signifier

nulle chose. Ex. : *Il ne manque* rien *à un roi que les douceurs d'une vie privée* (La Bruyère). La négation se supprime dans des phrases elliptiques, telles que celle-ci : *Que réclamez-vous?* — **Rien.** *J'aurais gagné dix jours,* rien *de plus* (Mme de Stael).

§ 607. Par oubli de la signification essentielle du mot, *rien* est fréquemment employé sans négation au sens de nulle chose. Ex. : *Et comptez-vous pour* rien *Dieu qui combat pour nous?* (Racine.) *Ma terre de Bourbilly est quasi devenue à* rien *par le rabais et par le peu de débit des blés et autres grains* (Mme de Sévigné).

§ 608. *Rien* est devenu un véritable substantif et signifie peu de chose, bagatelle, chose de peu d'importance, dans des phrases telles que celles-ci. Ex. : *Un songe, un* rien, *tout lui fait peur* (La Fontaine). *Un tas de petits* riens *m'ont occupé* (Cam. Doucet).

CHAPITRE V

SYNTAXE DU VERBE

SECTION I

Accord.

1. Accord du verbe avec un seul sujet.

§ 609. Tout verbe s'accorde en nombre et en personne avec son sujet. Ex. : **Dois-je** *prendre un bâton pour les mettre dehors?* (Molière.) **Les chefs encourageaient** *chacun par leur exemple* (La Fontaine).

§ 610. Dans une phrase où figure en sujet grammatical un des substantifs collectifs *foule, multitude, masse, nuée,* essaim, *troupe, nombre, le peu, totalité, la plupart, armée, bande, suite, reste, partie, moitié, majorité, pluralité, poignée, peuple,* etc., le verbe prend le nombre de ce sujet, s'il occupe le premier rang dans la pensée, si l'attention se porte particulièrement sur ce mot. Si c'est l'idée de nombre, d'agglomération qui domine, l'accord se fait avec le substantif pluriel, exprimé ou sous-entendu, qui sert de complément au collectif. Ex. :

Une troupe d'assassins **entra** *dans la chambre de Coligny* (VOLTAIRE).

D'adorateurs sacrés à peine un petit nombre **Ose** *des premiers temps nous retracer quelqu'ombre* (RACINE).

La pluralité des maîtres n'**est** *pas bonne* (Gram. des Gram., 673).

Une poignée de Lacédémoniens **courut** *avec son roi à une mort assurée* (BOSSUET).

La moitié de mes gens **doit** *occuper la porte, L'autre moitié....* (CORNEILLE).

Cette foule de nobles se **crut** *assurée d'un appui* (RULHIÈRES).

Une nuée de traits **obscurcit** *l'air* (FÉNELON).

Une troupe de nymphes couronnées de fleurs **nageaient** *en foule derrière le char* (FÉNELON).

Un nombre infini d'oiseaux **faisaient** *résonner ces bocages de leurs doux chants* (FÉNELON).

La majorité des écrivains **emploient** *le pluriel* (Gram. des Gr., 384).

Une poignée d'hommes qui **osent** *s'appeler les deux tiers de la province* (MIRABEAU).

Des enfants qui naissent, la moitié tout au plus **parviennent** *à l'adolescence* (J.-J. ROUSSEAU).

Une foule de gens **diront** *qu'il n'en est rien* (ACAD.).

Une nuée de barbares **désolèrent** *le pays* (ACAD.).

La totalité des perfections de Dieu **m'accable** (ACAD.).	*La totalité des enfants* **sacrifient** *l'avenir au présent* (NOEL).
Et de ses escadrons la formidable masse **S'ébranle** *l'arme haute et* **vole** *sur sa trace* (MASSON).	*Une masse de traînards sans armes, sans vêtements,* **repassaient** *la frontière* (THIERS).
Un essaim de pensées dans sa tête **fourmille** (SAINT-AMANT).	*Un essaim de Tartares* **ont tourné** *leurs mains parricides contre les plus belles provinces de ce vaste empire* (NAPOLÉON).
La multitude des mets **empêche** *de manger* (FURETIÈRE).	*Une multitude d'animaux placés dans ces belles retraites y* **répandent** *l'enchantement et la vie* (CHATEAUBRIAND).
Et que de ses sujets la meilleure partie Ne **tourne** *obstinément ses armes contre nous* (CORNEILLE).	*Une partie des princes* **sont revenus** *de l'armée; les autres arriveront demain* (RACINE).

§ 611. Après *la plupart, le plus grand nombre, une infinité de,* etc., le verbe s'accorde toujours avec le complément de ces collectifs, que ce complément soit exprimé ou sous-entendu. Ex. : *La plupart des hommes* **meurent** *sans le savoir* (BUFFON).

§ 612. Après les adverbes de quantité *beaucoup, peu, moins, assez, trop,* etc., suivis d'un pluriel, le verbe ne s'accorde jamais avec l'adverbe, mais toujours avec le nom. Ex. : *Assez de gens* **méprisent** *le bien, mais peu* **savent** *le donner* (LA ROCHEFOUCAULD). *Peu d'hommes* **ont** *autant gémi que moi* (J.-J. ROUSSEAU). *Trop de sang, trop de pleurs* **ont** *inondé la France* (M.-J. CHÉNIER).

§ 613. Après *le peu* suivi d'un complément au pluriel, le verbe suit la règle des collectifs. Le verbe se met donc au pluriel, si *le peu* signifie *la petite quantité;* au singulier, si *le peu* a le sens de *la quantité insuffisante.* Ex. : *Le peu d'habitants que la guerre a laissés dans cette ville* ne **sont** *pas à craindre. Le peu d'habitants que la guerre a laissé* **empêche** *de garder les murailles.*

§ 614. *Plus d'un* veut le verbe au singulier. Ex. : *Plus d'un guéret* **s'engraissa** *Du sang de plus d'une bande* (LA FONTAINE).

§ 615. Le verbe *être*, précédé de *ce*, se met au pluriel s'il est suivi d'un nom pluriel ou d'un pronom à la 3ᵉ personne du pluriel ; dans les autres cas, il se met au singulier. Ex. : *Ce* **sont** *vos frères. Ce* **sont** *eux. C'est nous.*

§ 616. Cependant on trouve aussi le singulier *c'est* devant un substantif au pluriel, lorsque ce substantif est suivi du relatif *que,* complément du verbe de la proposition suivante. Ex. : *Ce n'est pas les Troyens, c'est Hector qu'on poursuit* (RACINE). *C'est les dieux qui décident tout; c'est donc les dieux et non pas la mer qu'il faut craindre* (FÉNELON).

§ 617. Les mêmes règles s'appliquent aux verbes *devoir* et *pouvoir* précédés de *ce* et suivis du verbe *être.* Ex. : *Ce* **peuvent** *être des étrangers. Ce* **doivent** *être des amis.*

2. ACCORD DU VERBE AVEC PLUSIEURS SUJETS.

§ 618. Le verbe qui a deux ou plusieurs sujets à la même personne du singulier se met à la même personne du pluriel. Ex. : *Thucydide et Xénophon* **ont** *écrit comme des citoyens et des guerriers* (BARANTE).

§ 619. Si les sujets sont de personnes différentes, le verbe se met à la première personne s'il y en a une, sinon il se met à la deuxième. Ex. : *Mon père et moi* **sommes** *arrivés hier. Votre sœur et vous* **êtes** *les bienvenus.*

§ 620. Le verbe s'accorde avec le sujet le plus rapproché de lui :

1° Lorsque les sujets forment une énumération ou une gradation. Ex. : *Vous voudriez savoir si ce jeu, ce spectacle, cette liberté, ce discours qui nuit à la réputation de votre frère, ces plaisirs, ce luxe, cette omission, cette inutilité de vie* **est** *une offense vénielle ou mortelle* (MASSILLON). *A qui seul* **appartient** *la gloire, la majesté et l'indépendance* (BOSSUET).

2° Lorsque l'énumération est résumée par un mot tel que *chacun, personne, rien, nul, tout,* etc. Ex. : *Vieillards, femmes, enfants, tout* **était** *descendu* (LA FONTAINE).

3° Lorsque les sujets sont unis par *comme, ainsi que, de même que,* etc. Ex. : *L'usage, comme la mode, ne* **reconnaît** *pour règle que le goût* (MARMONTEL).

§ 621. Quand deux sujets unis par *et* désignent une même personne ou un même objet, le verbe doit se mettre au singulier. Ex. : *Quand le prince des pasteurs et le pontife éternel* **apparaîtra** (BOSSUET).

§ 622. Lorsque les sujets sont joints par les conjonctions *ou, ni,* le verbe se met ordinairement au pluriel; mais il ne s'accorde qu'avec le dernier sujet si l'action ou l'état ne peut absolument se rapporter qu'à l'un des sujets exprimés. Ex. :

Il n'y a guère qu'une naissance honnête ou qu'une bonne éducation qui rende *les hommes capables de secret* (LA BRUYÈRE).

Montaigne n'est jamais sec; son âme ou son caractère **sont** *partout* (LA HARPE).

En quelque endroit écarté du monde que la corruption ou le hasard les **jette** (Bossuet).

Ni mon grenier ni mon armoire Ne se **remplit** *à babiller* (La Fontaine).

L'un ni l'autre ne **veut** *s'embrasser le premier* (Racine).

*Lorsque le chagrin ou le découragement s'***approcheront** *de vous, pensez au solitaire de la cité d'Aoste* (X. de Maistre).

Ni l'un ni l'autre ne **cherchent** *à exposer leur vie* (La Bruyère).

La volupté ni la mollesse Ne **peuvent** *contenter nos cœurs* (Le Brun).

SECTION II

Complément.

§ 623. Deux ou plusieurs verbes peuvent avoir un complément commun si ces verbes n'appellent pas des compléments de nature différente ou si leur complément indirect se marque par la même préposition. Ex. : *Aimons et respectons nos parents.*

§ 624. S'ils appellent des compléments différents ou s'ils marquent leur complément indirect par des prépositions différentes, chacun d'eux doit avoir le complément qui lui convient. Ex. : *Ils n'ont qu'à* **vous** *invoquer et s'adresser* **à vous** : *votre secours est toujours prêt* (Massillon).

§ 625. Les verbes passifs prennent devant leur complément la préposition *par* ou la préposition *de*. La préposition *de* s'emploie surtout avec les verbes qui indiquent un sentiment. Ex. : *L'autorité des prophètes, des apôtres, des hommes inspirés* **de** *Dieu* (Massillon). *C'était une personne formée* **par** *et pour la bonne compagnie* (Mme de Stael).

§ 626. Le complément circonstanciel de prix, de poids, de manière, de durée, ne prend pas toujours de préposi-

.lion. Ex. : *Vous pourrez voir* **un temps** *vos écrits estimés*
Courir de main en main par la ville semés (BOILEAU).
Comme nous avions marché **grand train**, *nous étions déjà*
fort avancés le troisième jour (PRÉVOST). *Il a les ailes*
déployées, il vole, il ne pèse pas **une once** (DIDEROT).
Tout l'accommodement que m'ont proposé ces messieurs a
été que j'allasse leur demander pardon **ventre à terre**
(FURETIÈRE).

§ 627. Avec les verbes *essentiellement* réfléchis, le
second pronom est toujours régime direct.

§ 628. Avec les verbes *accidentellement* réfléchis, le
second pronom est tantôt complément direct, tantôt
complément indirect. Il est en général complément indirect avec les verbes neutres employés accidentellement
comme verbes réfléchis.

Il est complément direct avec les verbes suivants :

S'attacher à	se familiariser avec	se ralentir
Se confondre	se lasser	se taire
S'éloigner	se louer de	se troubler
S'ennuyer de	se quereller	se jouer

Il est complément indirect avec les verbes suivants :

S'attacher quelqu'un	Se plaire
Se nuire, s'entre-nuire	Se déplaire
Se succéder	Se complaire
S'imaginer	Se donner ⎫
Se parler	Se disputer ⎬ un droit
Se rappeler une chose	Se réserver ⎭
Se rire de quelque chose	

§ 629. Le second pronom est complément direct avec
quelques verbes neutres devenus accidentellement réfléchis, tels que : *s'en aller, s'en venir, s'en revenir, se*

prévaloir. Ex. : *Elles s'en sont allées* (ACAD.). *Il s'est pré-valu de sa faiblesse* (ACAD.).

SECTION III

Emploi des voix.

§ 630. Les verbes actifs, devenant verbes réfléchis, prennent quelquefois une signification passive. Ex. : *Il prétend montrer que le commencement de la première ode de ce grand poète* (Pindare) *ne* **s'entend** *point* (BOILEAU). *Sur mes yeux égarés la tristesse* **se lit** (REGNIER). *Ce grand choix ne* **se** *peut* **différer** *à demain* (CORNEILLE).

§ 631. Un certain nombre de verbes peuvent être employés à l'actif ou au neutre, avec une modification de sens plus ou moins considérable. Ex. :

Employés comme verbes actifs.	*Employés comme verbes neutres.*
Aider quelqu'un (lui donner un secours durable).	*Aider* à quelqu'un (lui prêter une assistance momentanée).
Changer une chose pour une autre.	*Changer* d'habit, de résolution.
Courir un lièvre.	*Courir après* un lièvre.
Croire une chose (la tenir pour vraie). *Croire* un homme (ajouter foi à sa parole).	*Croire* à quelque chose (y avoir confiance, en être persuadé). *Croire en* Dieu (croire à son existence).
Insulter quelqu'un (le maltraiter, l'outrager de fait ou de parole).	*Insulter* à ses juges (manquer à ce qu'on leur doit).

Servir quelqu'un (être à son service).

Servir à quelque chose (être utile à quelque chose, être destiné à tel usage).

Suppléer quelqu'un (tenir sa place, le représenter, faire ses fonctions).

Suppléer à quelque chose (réparer le manquement, le défaut de quelque chose).

Toucher une chose (mettre la main sur une chose pour la palper).

Toucher à une chose (y porter légèrement la main, l'effleurer).

Traiter un sujet, une question (s'en occuper sérieusement, longuement). *Traiter* une maladie (la soigner).

*Traiter d'*une chose (en parler ou en écrire). *Traiter d'*une charge (négocier pour la vendre ou l'acheter).

§ 632. Quelques verbes peuvent s'employer comme verbes actifs, comme verbes réfléchis et comme verbes neutres. Ex. : **Accroître** *son bien. Cette ville* s'est *fort* **accrue** *par son commerce ; son revenu* **accroît** *tous les jours.* **Monter** *du foin au grenier. Son armée* se **montait** *à vingt mille hommes.* **Monter** *sur un arbre.*

SECTION IV

Emploi des temps.

§ 633. Le *présent* sert non seulement à exprimer ce qui se fait au moment où l'on parle, mais aussi ce qui se fait habituellement. Ex. : *Votre fille* danse *bien.*

§ 634. Le présent s'emploie quelquefois pour le futur quand il s'agit d'un temps très rapproché, ou après la conjonction *si.* Ex. : *Je* **rentre** *dans un instant. Si je* **vis** *encore dix ans je visiterai l'Amérique.*

§ 635. Le présent s'emploie quelquefois pour le passé, ce qui donne plus de vivacité à la phrase. Ex. : *Mais hier il m'aborde, et, me tendant la main : Ah ! monsieur, m'a-t-il dit, je vous attends demain* (BOILEAU).

§ 636. L'*imparfait* s'emploie pour le conditionnel présent après la conjonction *si*. Ex.: *Et je serais heureux, si la foi, si l'honneur Ne me* **reprochaient** *point mon injuste bonheur* (RACINE).

§ 637. L'imparfait s'emploie parfois pour le conditionnel antérieur, après une proposition indiquant une supposition et un verbe au plus-que-parfait de l'indicatif ou du subjonctif. Ex. : *Si j'avais dit un mot, on vous* **donnait** *la mort* (VOLTAIRE).

§ 638. Le *parfait indéfini* s'emploie au lieu du futur antérieur pour indiquer une action qui sera très prochainement terminée. Ex. : *Encore une minute et j'ai* **fini.**

§ 639. Le *futur simple* s'emploie parfois à la seconde personne au sens de l'impératif. Ex. : *Vous* **rentrerez** *avant dix heures.*

§ 640. Le *futur antérieur* s'emploie au lieu du parfait indéfini pour affaiblir ce que celui-ci donnerait à la pensée de trop positif et de trop dur. Ex. : *Vous* **aurez** *mal* **pris** *vos mesures.*

SECTION V

Emploi des auxiliaires.

§ 641. La plupart des verbes neutres se conjuguent avec l'auxiliaire *avoir*. Tels sont: *courir, marcher, vivre, languir, succomber,* etc.

§ 642. Douze verbes neutres seulement se conjuguent avec l'auxiliaire *être*. Ce sont : *aller, arriver, choir, décéder, éclore, entrer, mourir, naître, partir, sortir, venir, retourner.*

§ 643. Un certain nombre de verbes neutres peuvent se conjuguer, soit avec l'auxiliaire *être*, soit avec l'auxiliaire *avoir*. En général on emploie l'auxiliaire *avoir* pour indiquer l'action et l'auxiliaire *être* pour indiquer l'état. La nuance de signification est le plus souvent très légère et presque insaisissable, par ex. dans les verbes *descendre, passer, cesser, accourir, demeurer, disparaître, apparaître, rester,* etc.

Auxiliaire *avoir*.	Auxiliaire *être*.
Toute sa consolation était, en errant dans le voisinage de la France, de respirer quelquefois un air qui **avait passé** *sur son pays* (CHATEAUBRIAND).	*Madame de Hautefort avait le privilège de rester seule avec la reine quand tout le monde s'était retiré, et qu'Anne d'Autriche* **était passée** *dans son oratoire* (V. COUSIN).
Partout où les arbres **ont disparu,** *l'homme a été puni de son imprévoyance* (CHATEAUBRIAND).	*Cette grande armée qui était à une île très proche de Belle-Ile,* **est disparue** (Mme DE SÉVIGNÉ).
Les orages **ont cessé** *de gronder sur ces heureux rivages* (VOLTAIRE).	*Les travaux* **sont cessés** (VOLTAIRE).
Les poètes disent que Vulcain **a tombé** *du ciel pendant un jour entier* (ACAD.).	*Il a voulu courir et il* **est tombé** (ACAD.).
J'ai **demeuré** *longtemps plus morte que lui-même* (ROTROU).	*Auprès du fils des rois si* **j'étais demeurée** (VOLTAIRE).
Tous les grands hommes dont le mérite **a percé** *du cloître dans le monde* (VOLTAIRE).	*Qu'on ne la sèvre point avant que la plupart de ses dents* **soient percées** (MIRABEAU).

8.

L'engourdissement où ils
ont resté *si longtemps*
(J.-J. Rousseau).

La seule Roxane **est restée**
dans le devoir (Montes-
quieu).

§ 644. Parfois au contraire la différence d'auxiliaire
correspond à une différence notable dans le sens du
verbe. Ainsi *convenir* avec l'auxiliaire *avoir* signifie être
propre, être convenable ; avec l'auxiliaire *être* il a le
sens de s'entendre sur une chose. *Échapper* au sens de
s'esquiver, se soustraire, prend l'auxiliaire *avoir* ; il **se**
conjugue le plus souvent avec l'auxiliaire *être* lorsqu'il
s'applique à ce qu'on fait par imprudence, par indiscré-
tion, par mégarde, par négligence.

Il n'aurait pas **échappé** *à
la violence des massa-
creurs* (Bayle).

Cet emploi lui **aurait** *bien*
convenu (Acad.).

*Peut-être si la voix ne m'eût
été coupée, L'affreuse vérité me* **serait échappée**
(Racine).

Nous **sommes convenus**
*que dans un tel dessein
Un soupçon bien souvent
doit passer pour certain*
(Lafosse).

SECTION LVI

Emploi de l'infinitif.

§ 645. Un certain nombre d'infinitifs sont devenus de
véritables substantifs, pouvant être accompagnés d'articles et d'adjectifs et pouvant se mettre au pluriel. Ex. : *Les*
pouvoirs *publics, des* **rires** *immodérés, de douloureux*
devoirs, *de copieux* **déjeuners**, *des* **soupers**, *des* **dîners**,
des **êtres**, *des* **vivres**, *des* **levers** *de lune, des* **couchers**
de soleil, des **loisirs**, *des* **plaisirs**, etc.

§ 646. D'autres infinitifs n'ont pas été si loin dans l'assimilation au substantif ; ils peuvent bien être accompagnés de l'article ou d'un adjectif, mais ils ne peuvent se mettre au pluriel. Tels sont : *le savoir, le vouloir, le boire, le manger, le savoir-faire,* etc.

§ 647. L'infinitif, précédé ou non précédé de l'article, peut servir de sujet à une proposition. Ex. : **Souffler** *n'est pas jouer.*

§ 648. L'infinitif servant de sujet peut être précédé de la préposition *de.* Ex. : *Ce devrait être aussi notre unique pensée* **De** *nous fortifier chaque jour contre nous* (Corneille). *C'est déshonorer la religion* **de** *croire que...* (Massillon).

§ 649. Dans le même cas il peut être parfois précédé de *que de.* Ex. : *C'est abuser de son esprit* **que** *d'établir de telles propositions* (Voltaire).

§ 650. L'infinitif sert souvent de complément. Il peut être uni par des prépositions, soit à des substantifs, soit à des adjectifs, soit à des verbes. Il se construit surtout avec les prépositions *de, à, pour, sans, par, après,* et diverses locutions prépositives composées avec *de,* telles que *sous peine de, afin de, de peur de, loin de,* etc.

§ 651. L'infinitif peut suivre immédiatement certains verbes, tels que les suivants :

affirmer,	daigner,	laisser,
aimer mieux,	désirer,	mener,
aller,	devoir,	observer,
apercevoir,	écouter,	oser,
avouer,	entendre,	ouïr,
compter,	envoyer,	paraître,
considérer,	espérer,	penser,
courir,	faire,	pouvoir,
croire,	falloir,	prétendre.

préférer,   sembler,   valoir mieux,
regarder,   sentir,   venir,
retourner,   s'imaginer,   voir,
savoir,   souhaiter,   vouloir, etc.

§ 652. Même après ces verbes l'infinitif prend la préposition *de* dans la seconde de deux propositions com-
paratives. Ex. : *Il vaut mieux prévenir le mal que* d'*être
réduit à le punir* (FÉNELON).

SECTION VII

Emploi du participe.

1. PARTICIPE PRÉSENT.

§ 653. Le participe présent exprime une action. Lorsqu'il n'y a pas d'action exprimée, il n'y a pas de participe présent, mais un adjectif verbal qui marque un état.
Le participe présent est invariable. L'adjectif verbal est
variable comme tous les adjectifs. Ex. :

Participe présent.	Adjectif verbal.
Toutes les planètes, **circulant** *autour du soleil, paraissent avoir été mises en mouvement par une impulsion commune* (BUFFON).	*Certainement, il n'y a pas deux milliards d'argent, quatre cent millions d'espèces* **circulantes** *dans la France* (VOLTAIRE).
Seule, **errant** *à pas lents sur l'aride rivage, La corneille enrouée appelle aussi l'orage* (DELILLE).	*Il s'attache de préférence aux arbres* **dépérissants** (BUFFON).

Les guêpes sont des insectes carnassiers, chasseurs, vi-vant de rapines (VAL-MONT DE BOMARE).

La lune ne faisant que nous réfléchir une lumière em-pruntée, cette lumière ne doit pas avoir l'agitation qui règne dans les corps **brillant** *de leurs propres feux* (BERQUIN).

Dieu nous crée **parlants, marchants, pensants, voulants** (MALEBRANCHE).

Pise, qui n'est aujourd'hui qu'une ville dépeuplée **dé-pendante** *de la Toscane, était, aux* XIIIe *et* XIVe *siè-cles, une république célè-bre* (VOLTAIRE).

§ 654. Un certain nombre de participes présents se dis-tinguent par l'orthographe des adjectifs ou substantifs verbaux correspondants. On peut partager ces mots en deux sections : la première, formée de participes pré-sents nécessairement terminés par *ant*, et d'adjectifs ou de substantifs verbaux dont la désinence est *ent*; la se-conde, composée de participes ou de substantifs qui tous possèdent la terminaison *ant* et qui diffèrent soit par la consonne finale du radical, soit par l'adjonction d'un *u* devant la terminaison. Les mots qui font partie de la première section sont :

Participes présents.	*Adjectifs ou substantifs verbaux.*
Adhér *ant.*	Adhér *ent.*
Afflu *ant.*	Afflu *ent.*
Différ *ant.*	Différ *ent.*
Diverge *ant.*	Diverg *ent.*
Équival *ant.*	Équival *ent.*
Excell *ant.*	Excell *ent.*
Expédi *ant.*	Expédi *ent.*
Néglige *ant.*	Néglig *ent.*
Précéd *ant.*	Précéd *ent.*
Présid *ant.*	Présid *ent.*
Résid *ant.*	Résid *ent.*

Les mots qui font partie de la seconde section sont :

Participes présents.	*Adjectifs ou substantifs verbaux.*
Convain *qu* ant.	Convain *c* ant.
Extrava *gu* ant.	Extrava *g* ant.
Fabri *qu* ant.	Fabri *c* ant.
Fati *gu* ant.	Fati *g* ant.
Suffo *qu* ant.	Suffo *c* ant.
Va *qu* ant.	Va *c* ant.

§ 655. Le participe présent précédé de la préposition *en*, exprimée ou sous-entendue, prend le nom de *gérondif* et s'emploie pour marquer les rapports de simultanéité, de cause, de moyen, de manière, de supposition, etc. Ex. : *L'avarice perd tout* **en voulant** *tout gagner* (LA FONTAINE). *La tragédie, informe et grossière* **en naissant,** *N'était qu'un simple chœur* (BOILEAU). *Rigoureusement* **parlant.** *Chemin* **faisant.**

§ 656. Le gérondif se rapporte en général au sujet de la proposition. Ex. : *Et nos grands érudits Ne nous ont éclairés qu'en* **étant contredits** (VOLTAIRE). Cependant quand le sens ne souffre aucune ambiguïté on peut le faire rapporter : 1° Au complément direct. Ex. : *Songez-vous qu'en* **naissant** *mes bras vous ont reçue?* (RACINE); 2° Au complément indirect ou à un adjectif possessif qui le renferme implicitement. Ex. : *Mes crimes,* **en vivant,** *me la pourraient ôter* (la vie céleste) (CORN., *Polyeucte*). *Mes soins, en apparence épargnant ses douleurs, De son fils* **en mourant** *lui cachèrent les pleurs* (RACINE); 3° A un être ou objet indéterminé, non exprimé. Ex. : *La grâce* **en s'exprimant** *vaut mieux que ce qu'on dit* (VOLTAIRE). Ces diverses manières de dire étaient d'un usage plus fréquent au xvii⁰ siècle qu'aujourd'hui.

§ 657. Avec le verbe *aller* mis pour exprimer le progrès d'une action, on peut employer le *participe présent* ou le *gérondif.* Ex. : *Le mal va* **en augmentant** *et va* **augmentant** *de jour en jour. Comme le nombre d'œufs, grâce à la renommée De bouche en bouche allait* **croissant** (La Fontaine).

2. Participe passé.

Participe passé employé seul ou conjugué avec l'auxiliaire **être.**

§ 658. Le participe passé sans auxiliaire et le participe passé conjugué avec l'auxiliaire *être* s'accordent en genre et en nombre avec leur sujet comme de simples adjectifs. Ex. : *Il faut borner vos repas aux viandes les meilleures, mais* **apprêtées** *sans aucun ragoût* (Fénelon). *Les bœufs dévorent avec avidité une salade* **assaisonnée** (Buffon). *Les vignes* **plantées** *dans les cendres qui couvrent les pieds de l'Etna et du Vésuve produisent les vins les plus délicieux* (Napoléon).

§ 659. Le participe passé est en général un participe passif ; comme tel, il sert avec l'auxiliaire *être* à former la conjugaison passive des verbes transitifs. Il sert aussi avec le verbe *être* à former les temps composés des verbes intransitifs. Dans ce dernier cas il n'a pas de signification passive. Il peut aussi dans les verbes intransitifs être employé sans auxiliaire, contrairement à l'opinion de quelques grammairiens. Ex. : *Ce héros* **expiré** *N'a laissé dans mes bras qu'un corps défiguré* (Racine). *Et* **monté** *sur le faite, il aspire à descendre* (Corneille). *L'air* **devenu** *serein, il part tout morfondu* (La Fontaine).

§ 660. Le participe passé de certains verbes, employé sans auxiliaire, a une signification active. Ex. : *un homme* **dissimulé** (c'est-à-dire qui dissimule habituellement) ;

un homme **avisé, entendu** (c'est-à-dire qui entend les choses); *un homme* **osé** (c'est-à-dire qui est porté à oser); *un caractère* **passionné,** etc.

Participe passé conjugué avec l'auxiliaire **avoir.**

§ 661. Le participe passé conjugué avec l'auxiliaire *avoir* s'accorde avec son complément direct, quand il en est précédé; il demeure invariable quand il en est suivi ou qu'il n'en a pas. Ex. :

Accord.	Non accord.
Le platine se tire des mines plus anciennes du Pérou, que les Espagnols **ont exploitées** *après la conquête du nouveau monde* (BUFFON).	*Les expéditions des Grecs en Perse, en Arménie et en Médie* **ont procuré** *à l'Europe le citronnier, l'abricotier et le pêcher* (PLUCHE).
Le dindon est certainement un des plus beaux cadeaux que le nouveau monde **ait faits** *à l'ancien* (BRILLAT-SAVARIN).	*Les tortues seules* **ont reçu** *en naissant une sorte de domicile durable* (LACÉPÈDE).
Si on trouvait une montre dans les sables d'Afrique, on n'oserait dire sérieusement que le hasard **l'a formée** *dans ces lieux déserts* (FÉNELON).	*La neige est une bruine, dont le froid des régions supérieures* **a condensé** *les gouttelettes* (COUSIN-DESPRÉAUX).
Dieu suit constamment les règles qu'il **a établies** *pour conserver dans sa conduite une parfaite uniformité* (MALEBRANCHE).	*Le christianisme* **a placé** *la charité comme un puits d'abondance dans les déserts de la vie* (CHATEAUBRIAND).

Quels élèves **auraient for-** | *La ville de Sibaris sera dé-*
més *ces leçons données* | *criée à jamais par la mol-*
par la vertu! (P. ELISÉE.) | *lesse de ses habitants, qui*
| **avaient banni** *les coqs*
| *de peur d'être éveillés*
| (FONTENELLE).

§ 662. Dans les temps surcomposés le second participe peut seul s'accorder. Ex. : *Les travaux que j'aurais* **eu terminés.**

§ 663. Quand le participe passé, précédé de son complément direct, est suivi d'un qualificatif, le participe et le qualificatif s'accordent également avec le complément. Ex. : *De soins plus importants je l'ai* **crue agitée** (RACINE). *J'ai vu la mort de près, et je l'ai* **vue** *horrible* (VOLTAIRE). On dit cependant : *Je l'ai* **manqué** *belle, je l'ai* **échappé** *belle.*

§ 664. Les verbes neutres n'ayant pas de complément direct, leur participe reste toujours invariable. Si quelques verbes neutres semblent parfois avoir un complément direct, c'est qu'il y a une ellipse dans la phrase. Dans la proposition : *Vos travaux n'ont pas duré un instant* (MASSILLON), *un instant* n'est point le complément direct de *duré*; il faut suppléer *pendant*. On a donc pu dire, sans faire accorder le participe : *Oui, c'est moi qui voudrais effacer de ma vie Les jours que j'ai* **vécu** *sans vous avoir servie* (CORNEILLE). *On croira que ces huit jours me durèrent huit siècles: tout au contraire, j'aurais voulu qu'ils les eussent* **duré** *en effet* (J.-J. ROUSSEAU).

§ 665. Les verbes *coûter, valoir* et *peser* sont employés tantôt comme verbes actifs, tantôt comme verbes neutres. Leur participe s'accorde dans le premier cas et reste invariable dans le second en général. *Coûter et valoir* sont neutres au sens propre et actifs au sens figuré de causer, occasionner, procurer. On dira donc :

Sens neutre.	Sens actif.
Louis XIV regretta en mourant les millions qu'avait **coûté** *à la nation son luxe et sa magnificence.*	*Après tous les ennuis que ce jour m'a* **coûtés** *Ai-je pu rassurer mes esprits agités ?* (RACINE.)
Des trente kilogrammes que cet enfant **a pesé**, *il en faut retrancher plusieurs pour avoir son poids après la maladie dont il sort* (LITTRÉ).	*Des trente kilogrammes que j'ai* **pesés** *un à un pour en déterminer le poids exact* (LITTRÉ).
La somme qu'a **valu** *il y a dix ans ce domaine* (LITTRÉ).	*On peut juger des embarras sans nombre que lui* **avait valus** *cette double parenté* (VICTOR HUGO).

§ 666. Le participe passé des verbes impersonnels est toujours invariable. Ex. : *On laissa cet abus à cause des inconvénients qu'il y aurait* **eu** *à le changer* (VERTOT). *Que de temps, que de réflexions, n'a-t-il pas* **fallu** *pour épier et reconnaître les besoins, les écarts et les ressources de la nature !* (BARTHÉLEMY.)

§ 667. Le participe passé suivi d'un *infinitif*, avec ou sans préposition, reste invariable s'il a pour complément direct cet *infinitif*; il s'accorde, au contraire, s'il a pour complément direct le *nom* ou le *pronom* qui précède. Ex. :

Invariabilité.	Accord.
Ils étaient punis pour les maux qu'ils **avaient laissé** *faire* (FÉNELON).	*Dieu n'a pas révélé ses jugements aux Gentils, et les* **a laissés** *errer dans leur voie* (J.-J. ROUSSEAU).

*Il en parle comme d'opéra- | Les gens qui nous **ont vus**
tions qu'il n'**avait** jamais | naître ne nous connais-
vu exécuter* (RÉAUMUR). | sent jamais (Mme DE GI-
| RARDIN).
*Les plus belles troupes qui | Voilà, mon fils, le sujet des
fussent au monde, irritées | larmes que tu m'**as vue**
des succès qu'on **avait** | verser (c'est une mère qui
laissé remporter aux An- | parle)* (FLORIAN).
glais* (THIERS).

§ 668. Le participe *fait* suivi d'un infinitif est toujours
invariable : *Ce sont mes sentiments qu'il vous a* **fait** *entendre*
(MOLIÈRE). *Louis XI fit taire ceux qu'il* **avait fait** *si bien
parler* (VOLTAIRE). *Les serpents paraissent privés de tout
moyen de se mouvoir, et uniquement destinés à vivre sur
la place où le destin les* **a fait** *naître* (LACÉPÈDE).

§ 669. Si, après un participe passé, il faut sous-entendre un infinitif ou une proposition auxquels le complément se rapporte, le participe reste invariable. Ex. : *Il
a rendu tous les services qu'il* **a pu** *(rendre). S'il avait
demandé M. de Fontenelle pour examinateur, je lui aurais
fait tous les vers qu'il* **aurait voulu** *(que je fisse)* (VOL-
TAIRE). *Nos parents nous ont donné toute l'éducation que
leur fortune leur* **a permis** *(de nous donner).*

§ 670. Le participe passé placé entre un *que* relatif
et la conjonction *que* reste invariable, parce que le relatif *que* n'est pas le complément du participe, mais celui
du verbe de la proposition qui suit. Ex. : *Ce sont des
choses que j'ai* **pensé** *que vous feriez. La lettre que j'ai*
présumé *que vous recevriez est enfin arrivée* (MARMONTEL).

§ 671. Le participe passé précédé du complément direct *le,* signifiant *cela,* reste invariable. Ex. : *La langue
anglaise n'est pas aussi difficile que je l'*avais **cru.**

§ 672. Lorsque le participe passé est précédé du pronom *en* employé dans un sens partitif et accompagné d'un adverbe de quantité, ce participe reste invariable, à moins que le pronom ne soit accompagné de quelque autre complément direct auquel se rapporte le participe.

Accord.	Invariabilité.
Pendant ces derniers temps, combien en a-t-on **vus** *Qui du soir au matin pauvres sont devenus!* (LA FONTAINE.)	*Hélas! j'étais aveugle en mes vœux aujourd'hui; J'en* **ai fait** *contre toi quand j'en* **ai fait** *pour lui* (CORNEILLE).
On déclame beaucoup depuis un temps contre les préjugés; peut-être en a-t-on trop **détruits**; *le préjugé est la loi du commun des hommes* (DUCLOS).	*Nous nous sommes fait nous-mêmes beaucoup plus de maux que nous n'en* **avions essuyé** *de nos premiers vainqueurs* (VOLTAIRE).
Des pleurs! ah! ma faiblesse en a tant **répandus** (VOLTAIRE).	*Louis le Grand a fait lui seul plus d'exploits que les autres n'en* **ont lu** (BOILEAU).
Un homme en veste à manches retroussées, à mains noires, à figure sinistre, aux yeux ardents, tel que j'en **avais** *tant* **vus** *au commencement de la révolution* (CHATEAUBRIAND).	*Il y a beaucoup plus de médailles frappées à la gloire des princes qui ont réparé les édifices publics qu'à l'honneur de ceux qui en* **ont fondé** *de nouveaux* (ROLLIN).

§ 673. Si l'adverbe de quantité se rapporte à un nom qui n'est exprimé qu'après lui, le participe reste invariable. Ex. : *Hélas! que j'en ai* **vu** *mourir de jeunes filles!* (VICTOR HUGO.)

§ 674. Quand le participe passé se rapporte à une locution collective, il s'accorde avec le nom collectif, si la pensée s'arrête sur le nom; il s'accorde avec le complément du collectif, si la pensée s'arrête sur le complément.

Accord avec le nom collectif.	Accord avec le complément du collectif.
Comment pourrais-je, Madame, arrêter ce torrent de larmes que le temps n'a pas **épuisé** (BOSSUET).	*Combien de calomnies l'histoire* **a consacrées** ! (LA CALPRENÈDE.)
J'eus une maladie assez sérieuse, causée par la trop grande quantité de liqueurs que j'avais **bue** (FLORIAN).	*Que voit-il* (le pêcheur) *dans cette longue suite de jours qu'il* **a passés** *sur la terre?* (MASSILLON.)

§ 675. Le participe passé précédé de la locution *le peu* varie selon le sens de cette locution. Lorsque *le peu* signifie *une petite quantité*, le participe s'accorde avec le nom. Lorsque *le peu* signifie l'*insuffisance*, le *manque*, le participe reste invariable. Ex. :

Je ne parlerai pas du peu de capacité que j'ai **acquise** *dans les armées* (VERTOT).	*Le peu de sûreté que j'ai* **vu** *pour ma vie à retourner à Naples m'y a fait renoncer* (MOLIÈRE).

Participe passé des verbes réfléchis.

§ 676. Les règles d'accord du participe passé des verbes réfléchis, qui se conjuguent avec *être*, sont les mêmes que celles du participe des verbes conjugués avec *avoir*. Le participe passé s'accorde avec son complément direct s'il en est précédé ; il reste invariable s'il en est suivi.

§ 677. Le complément direct des verbes *essentiellement* réfléchis étant le second pronom, qui précède toujours le participe, il s'ensuit que leur participe s'accorde toujours avec le second pronom. Ex. : *J'estime, après tout, que ce sont des fautes dont ils ne* **se sont** *pas* **souciés** (BOILEAU). *L'Académie* **s'est souvenue** *de cette longue prospérité qui l'a suivi jusqu'au tombeau* (MARMONTEL).

§ 678. Le participe des verbes neutres employés comme réfléchis reste toujours invariable : *Ces idées* **s'étaient succédé** *dans son esprit avec la rapidité de l'éclair* (THIERS).

§ 679. Le participe des verbes réfléchis employés impersonnellement reste toujours invariable : *Il* **s'est sauvé** *beaucoup de troupes* (Mme DE SÉVIGNÉ).

§ 680. Le participe des verbes actifs employés comme réfléchis s'accorde avec le second pronom, lorsqu'il est complément direct. Ex. : *Le long des côtes, la nature a creusé des baies, autour desquelles* **se sont élevées** *des villes que l'art a fortifiées, et que le commerce a rendues florissantes* (BARTHÉLEMY). *Les plus anciens voyages qui* **se soient faits** *des parties occidentales aux Indes ont été ceux des Égyptiens* (HUET). *La surface de ce bloc immense* **s'est divisée, fêlée, fendillée, réduite** *en poudre, par l'impression des agents extérieurs* (BUFFON). *Dans l'état primitif et liquide du globe terrestre, les matières les plus pesantes* **se sont rapprochées** *du centre, et cette condition a déterminé la stabilité des mers* (FOURIER).

§ 681. Quand le second pronom est complément indirect, le participe s'accorde avec le complément direct, s'il en est précédé ; il reste invariable, s'il en est suivi. Ex. : *Ils* **se sont donné** *l'un à l'autre une promesse de mariage* (MOLIÈRE). *Les Dieux* **se sont réservé** *à eux seuls cette connaissance* (MABLY). *Tous les peuples du*

monde **se sont fait** *des dieux corporels* (J.-J. Rousseau).
*Ils vont à l'eau le matin pour se laver le bec et les pieds
qu'ils* **se sont remplis** *de terre* (Buffon). *On n'aperçoit
sur leur corps aucune trace de maladie ou de plaie, mais
seulement de grandes cicatrices en lignes irrégulières qui
semblaient être les suites des blessures qu'ils* **s'étaient
faites** *eux-mêmes avec un instrument obtus* (Id.). *On
discerne le roulement du torrent caché dans les précipices
qu'il* **s'est creusés** *durant de longs siècles* (Senancour).
Ils se **sont arrogé** *ce privilège* (Acad.).

CHAPITRE VI

SYNTAXE DE L'ADVERBE

SECTION I

De l'adverbe en général et de son emploi.

§ 682. Les adverbes peuvent former à eux seuls des
phrases elliptiques, dans lesquelles est sous-entendu le
verbe de la proposition précédente. Ex. : *J'ai fait mon
testament ?* — **Oui**, *sans doute, Monsieur* (Regnard).

§ 683. Quelques adverbes, suivis de la conjonction *que*
et placés en tête de la phrase, tiennent lieu d'une proposition principale. Ex. : **Heureusement** qu'*il n'a rien vu*
(Acad.). **Apparemment** qu'*il viendra* (Acad.). **Peut-être**
qu'*il prétend, après la mort d'Octave, Au lieu d'affranchir
Rome, en faire son esclave* (Corneille). **Sans doute** qu'*il
n'a pas songé à ce qu'il faisait* (Acad.).

§ 684. L'adverbe modifiant plusieurs adjectifs ou plusieurs adverbes doit se répéter devant chacun d'eux. Au

contraire un seul adverbe peut modifier plusieurs substantifs. Ex. :

Adverbe répété.	Adverbe non répété.
L'âne est de son naturel **aussi** *humble,* **aussi** *patient,* **aussi** *tranquille que le cheval est fier, ardent, impétueux* (BUFFON).	**Combien** *de rois, de princes, de héros nous a-t-il représentés ?* (RACINE.)

SECTION II

Complément.

§ 685. Plusieurs adverbes ont des compléments marqués par les prépositions *à* et *de*, comme les adjectifs dont ils dérivent. Tels sont :

Avec *à*	Avec *de*
Antérieurement *à*	Indépendamment *de*
Postérieurement *à*	Différemment *de*
Conformément *à*	
Proportionnellement *à*	
Relativement *à*	

Ex. : **Conformément** à *la promesse faite à Abraham* (BOSSUET). *A la vérité ce n'en est un* (défaut) *que* **relativement à** *sa mauvaise fortune* (BEAUMARCHAIS). *L'âme étant sortie de son état pour avoir voulu vivre* **indépendamment de** *Dieu* (BOSSUET).

SECTION III

Observations particulières sur les adverbes.

1. ADVERBES DE LIEU.

§ 686. **Ci**, **ici** désignent l'endroit occupé par celui qui parle ou un endroit voisin ; **là** désigne un endroit éloigné. Ex. : *D'ici là on compte deux lieues.*

§ 687. *Ci* ne s'emploie plus aujourd'hui isolément. Il se place à la suite du pronom démonstratif (*celui*-**ci**), d'un nom précédé d'un adjectif démonstratif (*ce cheval*-**ci**), ou du pronom démonstratif neutre *ce* dans quelques formules interrogatives (*Qu'est-ce*-**ci** ?) ; et sert à former les locutions **ci**-*après*, **ci**-*contre*, **ci**-*dessous*, **ci**-*dessus*, **ci**-*inclus*, **ci**-*joint*, **ci**-*gît*.

§ 688. *Là* se place devant quelques adverbes de lieu. Ex. : **là**-*haut*, **là**-*bas*, **là**-*dessous*, **là**-*dessus*, **là**-*dedans*, **là** *dehors*, **là** *auprès*, **là** *contre*. Il se met également à la suite des pronoms démonstratifs et des noms pour les désigner plus précisément. Ex. : *Celui*-**là**, *ce cheval*-**là**, *qu'est-ce*-**là** ?

§ 689. *Ici*, *là* s'emploient aussi comme adverbes de temps. Ex. : *Il y aurait des histoires tragiques à vous conter d'ici à demain* (Mme DE SÉVIGNÉ). *De là à quelques années Ptolémée fit porter le corps d'Alexandre à Alexandrie* (VAUGELAS).

§ 690. **Çà** ne s'emploie guère que dans les locutions *çà et là*, *de çà*, *de là*, ou avec le verbe *venir*. Ex. : *Venez* **çà** *que je vous embrasse, que je vous caresse* (Mme DE SÉVIGNÉ).

§ 691. **Où** s'emploie comme adverbe de lieu pour marquer une interrogation directe ou indirecte. Ex. : **Où** *y a-t-il du nouveau ? Est-ce en Orient ? marchons-y.* **Où**

9.

faut-il porter notre courage et notre intelligence ? courons de ce côté (CHATEAUBRIAND). *Le peu qui lui restait a passé sou par sou, En linges, aliments, ici, là, Dieu sait* **où** (LAMARTINE).

§ 692. *Où que* se dit elliptiquement pour signifier *en quelque lieu que*. Ex. : **Où que** *soit Rosidor, il le suivra de près* (CORNEILLE). *L'amour sans bornes de la vérité,* **où qu'***elle se rencontre* (COUSIN).

§ 693. *Où* se met quelquefois pour indiquer le temps. Ex. : *Le moment* **où** *je parle est déjà loin de moi* (BOILEAU).

§ 694. Après *c'est ici, c'est là, où* est remplacé par *que*. Ex. : *C'est ici* **que** *je vous attends. C'est là* **que** *vous devez aller.*

§ 695. *Où* est aussi pronom relatif. Voir § 592.

§ 696. **Y**, adverbe de lieu, signifie *en cet endroit-là*. Ex. : *Où la justice n'est pas reçue, il ne faut pas espérer que la paix* **y** *vienne* (BOSSUET).

§ 697. Il est employé explétivement avec le verbe *voir* et avec les verbes *aller* et *avoir* pris impersonnellement. Ex. : *Quand déjà l'on n'***y** *voit guère* (BÉRANGER). *Il* **y** *va de la perte ou du salut du reste* (CORNEILLE). *Il n'***y** *avait point de danger qu'il en arrivât pis* (Mme D'AULNOY).

§ 698. *Y* est aussi pronom personnel. Voir § 561.

2. ADVERBES DE TEMPS.

§ 699. **De suite** signifie *sans interruption* ; **tout de suite** veut dire *immédiatement*. Ex. *Il a fort bien répondu sur tous les chefs. On continuera* **de suite**, *et la chose ira si vite que je crois que les interrogations finiront cette semaine* (Mme DE SÉVIGNÉ). *Il faut que les enfants obéissent* **tout de suite** (ACAD.).

§ 700. **Quand** s'emploie comme adverbe de temps pour

marquer une interrogation directe ou indirecte. Ex. :
Quand *aura-t-il tout vu ?* (RACINE.) *C'est une question sur
laquelle les sentiments sont partagés, de savoir de* **quand**
la succession doit être réputée provisionnellement ouverte
(POTHIER).

§ 701. *Quand* est aussi conjonction. Voir § 392.

§ 702. **Tout d'un coup** veut dire *tout en une fois;* **tout
à coup** signifie *soudainement, en un instant, sur-le-champ.*
Ex. : *Et pour voir* **tout d'un coup** *vos malheurs terminés* (CORNEILLE). **Tout à coup** *elle aperçut les débris d'un
navire* (FÉNELON). *Tout d'un coup* s'emploie quelquefois,
dit l'Académie, dans le sens de *tout à coup.*

§ 703. **Plus tôt** en deux mots signifie *avant,* exprime
une idée de temps et est l'opposé de *plus tard.* Ex. : *Il est
arrivé* **plus tôt** *que moi* (ACAD.). **Plutôt** en un seul mot
exprime une idée de préférence. Ex. : **Plutôt** *mourir que
de faire une lâcheté* (ACAD.).

§ 704. **Jamais** signifie *quelquefois, un jour, un jour
quelconque,* lorsqu'il n'est pas accompagné de la négation *ne.* Ex. : *Quel péril a dispensé* **jamais** *un homme
juste, une âme noble de remplir un devoir ?* (DE BEAUVAIS.)
Plus que **jamais** *il faut agir.* Il a parfois même le sens
de *toujours.* Ex. : *Adieu pour tout* **jamais** (CORNEILLE).
Mon cœur sera à **jamais** *à vous* (VOLTAIRE).

3. ADVERBES DE MANIÈRE.

§ 705. **Quelque** est adverbe dans la locution *quelque...
que,* lorsqu'il modifie un adjectif construit avec le verbe
être, ou avec des verbes qui permettent de sous-entendre
être. Ex. : *Cependant* **quelque** *grandes que soient ces
apparences et* **quelque** *fort que soit le préjugé qu'elles
ont fait naître, je crois qu'on peut démontrer qu'elles nous
trompent* (BUFFON). **Quelque** *méchants que soient les*

hommes, ils n'oseraient pas paraître ennemis de la vertu
(LA ROCHEFOUCAULD).

§ 706. *Quelque* est parfois aussi adverbe de quantité
et signifie *environ*. Ex. : *Les Français eurent* **quelque**
*cent trente hommes, tant officiers que mousquetaires, tués
ou blessés* (RACINE). *Edouard avait mis à pied les hommes
d'armes, excepté* **quelque** *douze cents chevaliers jetés sur
les deux ailes de l'infanterie* (CHATEAUBRIAND).

§ 707. **Tout**, adverbe, signifie *entièrement, complète-
ment, sans exception, sans réserve*. Ex. : *Ce petit garçon, déjà* **tout** *accoutumé au métier*, **tout** *instruit*, **tout**
capable, ayant vu trois sièges avant dix-sept ans (Mme DE
SÉVIGNÉ).

§ 708. Il s'accorde avec le substantif, quand il est
suivi d'un adjectif féminin commençant par une consonne
ou une *h* aspirée. Ex. : *En Abyssinie, il y a de vastes
plaines* **toutes** *couvertes de sel* (BUFFON). *On voit des
tourterelles* **toutes** *blanches, même dans nos climats* (VAL-
MONT DE BOMARE). *Elle est* **toute** *honteuse*.

§ 709. *Tout... que*, s'emploie adverbialement au sens
de *quelque... que*. Ex. : *Croyez que vous ne sauriez être
aimée de personne*, **tout** *aimable* **que** *vous êtes, si véritablement que vous l'êtes de moi* (Mme DE SÉVIGNÉ).

§ 710. **Mieux** est originairement un adjectif, venant
de MELIUS, neutre de MELIOR, meilleur. Il est parfois encore employé comme adjectif. Ex. : *Vous voilà hors du
jubilé et des stations : vous avez dit tout ce qui se peut*
mieux *sur ce sujet* (Mme DE SÉVIGNÉ). *Voilà, direz-vous,
une étrange manière de les rendre heureux ! Que pour-
rait-on faire de* **mieux** *pour les rendre malheureux ?*
(PASCAL.)

§ 711. Il joue parfois aussi le rôle d'un substantif. Ex. :
Je pense être obligé de faire mon **mieux** *pour satisfaire à tout ce qu'il vous a plu me proposer* (DES-

CARTES). *Nos belles-lettres commencent à bien dégé-*
nérer; soit qu'elles manquent d'encouragement; soit que
les Français, après avoir trouvé le bien dans le siècle
de Louis XIV, aient aujourd'hui le malheur de chercher
le **mieux** (VOLTAIRE).

§ 712. *Des* **mieux** signifie *comme qui fait le mieux,*
comme ce qu'il y a de mieux. Je m'acquitte **des mieux** *de*
la charge commise (CORNEILLE). *Dis-moi s'il me sied bien*
(cet habit) *et si j'ai bonne grâce?* — DAMIS : **Des mieux**
(BOISROBERT).

§ 713. **Pis** est originairement un adjectif, venant de
PEJUS, neutre de PEJOR, pire. Il est parfois encore employé comme adjectif. Ex. : *Que m'offrirait de* **pis** *la*
fortune ennemie ? (CORNEILLE.)

§ 714. Il joue parfois aussi le rôle d'un substantif. Ex. :
Quelque plume y périt, et le **pis** *du destin Fut que quel-*
que vautour, à la serre cruelle, Vit notre malheureux
(LA FONTAINE).

§ 715. **Comme**, adverbe, signifie *de quelle manière, de*
la même manière que. Ex. : *Vous savez depuis longtemps*
que je vous aime, et **comme** *je vous aime* (SÉVIGNÉ).

§ 716. *Comme* est aussi conjonction. Voir § 392.

§ 717. **Comment** signifie *de quelle sorte, de quelle ma-*
nière; il peut s'employer aussi interrogativement et ex-
clamativement. Ex. : *Gardez-vous d'apprendre à vos en-*
nemis **comment** *ils peuvent vous faire du mal* (M^{mo} DE
STAEL). **Comment** *n'ouvriraient-ils pas les yeux ?* (BOS-
SUET.) **Comment !** *Lier les mains aux gens de votre*
sorte! (RACINE.)

4. ADVERBES DE QUANTITÉ.

§ 718. **Aussi** exprime la comparaison. **Si** indique le
degré d'intensité ; il est synonyme de *tellement.* Ces deux

adverbes s'emploient devant les adjectifs et les adverbes.
Ex. :

Aussi *vivant par l'esprit qu'il était mourant par le corps* (BOSSUET).	*Les chevaux danois sont* **si** *étoffés, qu'on les préfère à tous les autres* (BUFFON).

§ 719. Cependant *si* s'emploie fréquemment à la place d'*aussi* dans les phrases négatives ou interrogatives.
Ex. : *Il n'est pas* **si** *loin que vous dites* (CHIFFLET). *Avez-vous jamais ouï parler d'une étoile* **si** *brillante que celle du roi?* (Mme DE SÉVIGNÉ.)

§ 720. **Autant**, comme *aussi*, exprime la comparaison. **Tant**, comme *si*, indique le degré d'intensité. Ces deux adverbes s'emploient devant les substantifs et les verbes. Ils sont suivis de la préposition *de* devant les substantifs et de la conjonction *que* devant les verbes. Ex. :

L'inondation augmente ordinairement pendant quarante jours et diminue pendant tout **autant de** *temps* (BUFFON).	*Dieu veut qu'un seul homme serve par sa sagesse à la félicité de* **tant d'**hommes, *et non que* **tant d'**hommes *servent par leur misère à flatter l'orgueil d'un seul* (FÉNELON).
Il a lieu de me craindre **autant que** *je vous plains* (CORNEILLE).	*Se défend avec grand respect,* **Tant** *qu'au père à la fin cela devint suspect* (LA FONTAINE).

§ 721. *Autant* s'emploie également avec les adjectifs ; mais il se place après eux, tandis qu'*aussi* se place avant.
Ex. : *Ésope conte qu'un manant Charitable* **autant que** *peu sage* (LA FONTAINE). *Votre refus est juste* **autant que** *ma demande* (CORNEILLE).

§ 722. Bien, adverbe de quantité, est synonyme de *beaucoup*. Mais tandis que *beaucoup* se place devant des substantifs pris dans un sens indéterminé, *bien* ne se prépose qu'à des substantifs pris dans un sens déterminé. Ex. :

De **bien des** *gens il n'y a que le nom qui vaille quelque chose* (LA BRUYÈRE). *Les méchants ont* **bien de la** *peine à demeurer unis* (FÉNELON).

Le régal fut petit et sans **beaucoup** *d'apprêts* (LA FONTAINE). *J'ai passé* **beaucoup** *de temps dans l'étude des sciences abstraites* (PASCAL).

§ 723. *Bien* se place cependant devant le pronom indéfini *d'autres.* Ex. : *Ces ressources manquent à* **bien** *d'autres* (MASSILLON).

§ 724. Beaucoup, combien, peu, guère, précédés de la préposition *de,* insistent plus fortement sur la différence que lorsqu'ils n'en sont pas précédés. Ex. : *Vous êtes* **de beaucoup** *plus savant* (ACAD.). **De combien** *s'en faut-il ? Il s'en faut* **de peu.** *Il ne s'en est* **de guère** *fallu.*

§ 725. Davantage et **plus** sont synonymes. Seulement *davantage* ne peut modifier qu'un verbe, tandis que *plus* modifie tantôt un adjectif, tantôt un verbe. Ex. :

La langue paraît s'altérer tous les jours, mais le style se corrompt bien **davantage** (VOLTAIRE).

On peut être **plus** *fin qu'un autre, mais on n'est pas* **plus** *fin que tous les autres* (LA ROCHEFOUCAULD).

§ 726. Lorsqu'une comparaison est exprimée au moyen de deux propositions et que l'attribut de la première est représenté dans la seconde par le pronom *le, la, les,* le verbe de cette dernière ne peut pas être modifié par *plus;* il faut alors mettre *davantage.* Ex. : *Quelque prompt que soit un mouvement, on peut en supposer un qui le soit* **davantage** (Pascal).

§ 727. *Davantage* ne peut être suivi d'un complément.

§ 728. *Plus* s'emploie avec *que* suivi d'un second terme de comparaison ; *davantage* s'emploie seulement lorsque le second terme a déjà été exprimé ou lorsqu'il est sous-entendu. Ex. :

L'auteur m'a promis de le fâcher un peu **davantage** (Voltaire).	*L'abondance du sujet m'a fait continuer ce discours* **plus que** *je ne devais* (Malherbe).

§ 729. *Plus* exprime la comparaison ou la quantité. Dans le premier cas *plus* ou le terme qu'il modifie est toujours suivi de *que.* Si *plus* exprime la quantité, le terme qui sert à modifier ou à déterminer l'idée de cette même quantité doit être précédé de la préposition *de.* Ex. :

Comparaison.	Quantité.
Le nombre des espèces d'animaux est **plus** *grand* **que** *celui des espèces de plantes* (Buffon).	*On a reproché à* **plus d'un** *prélat d'avoir fait composer leurs sermons par des moines* (Voltaire).

§ 730. Dans l'indication des fractions on peut mettre *que* ou *de.* Ex. :

Que	De
La course de nos jours est **plus qu'à** *demi faite* (Racan).	*La dame ouvrit, dormant* **plus d'à** *demi* (La Fontaine).

§ 731. **Moins** suit les mêmes règles que *plus;* comme lui il exprime la comparaison ou la quantité, se construisant avec *que* dans le premier cas et avec *de* dans le second. Ex. :

Comparaison.	Quantité.
Un certain mauvais génie, non **moins** *rusé et trompeur* **que** *puissant* (DESCARTES).	*Nous n'étions pas* **moins de** *cent personnes* (ACAD.).

§ 732. **Que** s'emploie au sens de *combien* dans les phrases interrogatives ou exclamatives. Ex. : **Que** *ses douleurs l'ont rendue savante dans la science de l'Évangile!* (Boss., *Reine d'Angleterre*.) **Que** *vous prenez de soins superflus!* (J.-J. ROUSSEAU.) **Qu'**aimable *est la vertu que la grâce environne!* (A. CHÉNIER.)

5. ADVERBES D'AFFIRMATION, DE NÉGATION ET DE DOUTE.

§ 733. **Si,** adverbe d'affirmation, ne se met que par opposition à une négation. Ex. : *Vous dites que non et je dis que* **si** (ACAD.). *Vous n'avez pas été là?* — **Si** (ACAD.). *Mais quelqu'un vient à nous, je pense.* — *Non.* — **Si** *fait* (DANCOURT).

§ 734. L'adverbe de négation **ne** est fréquemment accompagné de mots, tels que *pas, point, guère, jamais, plus, aucunement, goutte, personne, rien,* qui ont originairement un sens affirmatif, et auxquels il communique le sens négatif. Ces divers mots peuvent cependant s'employer au sens négatif sans *ne* dans les réponses à une interrogation ou dans des phrases elliptiques. Ex. : *Vous êtes donc facile à contenter?* — **Pas** *tant que vous pourriez penser* (MOLIÈRE). *Avez-vous dormi?* — **Guère.** *On les laisse passer, tout leur paraît tranquille,* **Point** *de soldats au port,* **point** *aux murs de la ville* (CORNEILLE). **Jamais** *situation plus heureuse* *et plus imposante* (BARTHÉLEMY). *Y a-t-il quelqu'un ici?* — **Personne** (ACAD.). *Que vous a coûté cela?* — **Rien**.

§ 735. **Point** nie plus fortement que **pas**. On dira également : *Il n'a* **pas** *d'esprit; il n'a* **point** *d'esprit;* et on pourra dire : *Il n'a* **pas** *d'esprit ce qu'il en faudrait pour sortir d'un tel embarras;* mais quand on a dit : *Il n'a* **point** *d'esprit,* on ne peut rien ajouter. Ainsi, *point,* suivi de la particule *de,* forme une négation absolue; au lieu que *pas* laisse la liberté de restreindre, de réserver.

§ 736. Lorsque deux ou plusieurs propositions négatives sont unies par la conjonction *ni,* la négation *ne* se répète devant chaque verbe. Ex. : *Un sot ni* **n'**entre, *ni* **ne** *sort, ni* **ne** *s'assied, ni* **ne** *se lève, ni* **ne** *se tait, ni* **n'**est sur ses jambes, comme un homme d'esprit (LA BRUYÈRE).

§ 737. L'adverbe de négation **non** s'emploie en général isolément, sans être accompagné des mots *pas, point,* etc. Ex. : *Hippocrate dit oui, mais Galien dit* **non** (REGNARD). *Je parle de Néarque et* **non** *de votre époux* (CORN., *Polyeucte*).

§ 738. *Ne* s'emploie seul avec les verbes *cesser, oser, savoir, avoir garde, pouvoir* et *importer* (impersonnel). Ex. : *L'un dit : Je n'y vais point, je ne suis pas si sot. L'autre : Je* **ne** *saurais* (LA FONTAINE). *Il n'importe d'avoir payé Le Vacher ou non* (Mᵐᵉ DE SÉVIGNÉ). Toutefois en ces cas on peut mettre aussi *pas* ou *point.* Ex. : *Chacun demeure d'accord qu'il* **ne** *pouvait* **pas** *mieux jouer* (MOLIÈRE).

§ 739. Dans des phrases négatives ou interrogatives, *ne* se dit seul au second membre, quand ce second membre est négatif. Ex. : *Don Rodrigue, surtout, n'a trait en son visage, Qui d'un homme de cœur* **ne** *soit la haute image* (CORNEILLE). *Y a-t-il un homme dont elle* **ne** *médise?* (LITTRÉ.)

§ 740. *Ne* s'emploie seul lorsqu'il est suivi de l'adjectif *autre* et de *que*. Ex. : *Je* n'*ai d'autre but, d'autre désir que celui de vous être utile* (ACAD.). On peut dire aussi : *Je* n'*ai* **pas** *d'autre but que*, etc. Quand *autre* est sous-entendu, *ne* s'emploie toujours seul. Ex. : *Je n'ai de volonté que la tienne* (ACAD.).

§ 741. *Ne* s'emploie seul quand le mot *que* placé au commencement d'une phrase signifie *pourquoi*, ou quand il sert à exprimer un désir, une imprécation. Ex. : *Il se tue à rimer. Que* n'*écrit-il en prose?* (BOILEAU.)

§ 742. *Ne* s'emploie seul avec un subjonctif indiquant un souhait. Ex. : *Nuit et jour, à tout venant, Je chantais,* **ne** *vous déplaise* (LA FONTAINE, *la Cigale et la Fourmi*).

§ 743. *Ne* s'emploie seul dans la tournure *n'était, n'eût été*. Ex. : *Et* n'*eût été Léonce, en la dernière guerre, Ce dessein avec lui serait tombé par terre* (CORNEILLE). *Je me soucierais peu de ce qu'ils peuvent dire,* **n'**était l'artifice* (MOLIÈRE).

§ 744. *Ne* s'emploie seul après la conjonction conditionnelle *si*. Ex. : *Je ne sortirai point si vous* **ne** *me venez prendre en voiture* (LITTRÉ).

§ 745. Après *depuis que*, ou après *il y a*, suivi d'un mot qui indique une certaine quantité de temps, *ne* s'emploie seul quand le verbe est au passé. Ex. : *Depuis que je* **ne** *l'ai vu. Il y a six mois que je* **ne** *lui ai parlé* (ACAD.). Si le verbe est au présent, il faut employer *ne... pas*, ou *ne... point*, ce qui forme un sens tout différent. Ex. : *Depuis que nous* **ne** *nous voyons* **pas.** *Il y a six mois que nous* **ne** *nous parlons* **point** (ACAD.).

§ 746. On met la négation *ne* après les verbes exprimant empêchement. Ex. : *Le premier président a apporté un ordre pour empêcher que certains greffiers* **ne** *prissent de l'argent pour cette préférence* (PASCAL).

§ 747. On met la négation *ne* après les verbes ou les

substantifs exprimant la crainte, mais seulement quand la proposition principale est affirmative. Ex.: *Je crains qu'en l'apprenant son cœur* **ne** *s'effarouche* (CORNEILLE). *De crainte qu'il* **ne** *vienne. Je tremble qu'il* **ne** *succombe.* Mais quand la proposition principale est négative, on ne met pas *ne* dans la proposition subordonnée. Ex. : *Je ne crains pas qu'il parte.*

§ 748. On met la négation *ne* après les verbes ou les substantifs exprimant doute ou négation, quand la proposition principale est négative ou interrogative. Ex. : *Quoi! vous doutez que le cours des astres et leurs influences* **ne** *fassent les biens et les maux des hommes?* (FÉNELON.)

§ 749. Lorsque les verbes *douter, nier, disconvenir,* employés négativement ou interrogativement n'ont pas un sens dubitatif, mais expriment une chose positive, incontestable, on ne met pas l'adverbe *ne.* Ex. : *Doutez-vous que je sois votre ami?* (LITTRÉ.) *Je ne nie pas qu'il y ait un Dieu* (LEGOARANT). *Vous ne sauriez disconvenir qu'il vous a parlé* (ACAD.).

§ 750. On met la négation *ne* après les locutions *il ne tient pas à, il tient à peu.* Ex. : *Que nous puissions nous rendre à nous-mêmes témoignage qu'il n'a jamais tenu à nous, jamais dépendu de nous, que nous* **n**'*eussions avec nos frères cette paix solide fondée sur la charité* (BOURDALOUE).

§ 751. Lorsque *il s'en faut* est précédé de la négation, ou accompagné des mots *peu, guère,* etc., qui ont un sens négatif, ou que la phrase marque interrogation ou doute, la proposition subordonnée prend la négation *ne.* Ex. : *Peu s'en fallut que le soleil* **Ne** *rebroussât d'horreur vers le manoir liquide* (LA FONTAINE).

§ 752. On met l'adverbe *ne* après un comparatif d'inégalité suivi de *que* et d'une proposition complétive, si le premier membre est affirmatif. On ne le met pas d'ordinaire si le premier membre est négatif ou interrogatif. Ex. :

Avec *ne*.	Sans *ne*.
Je vous entends ici mieux que vous **ne** *pensez* (J. RACINE).	*Je ne crois pas qu'on puisse mieux danser qu'ils dansent* (MOLIÈRE).
Les végétaux tirent pour leur nourriture beaucoup plus de substance de l'air et de l'eau qu'ils n'*en tirent de la terre* (BUFFON).	*Ces oiseaux d'Amérique et d'Asie ne viennent pas plus chez nous que les nôtres vont chez eux* (BUFFON).
Depuis l'invention de la poudre les batailles sont beaucoup moins sanglantes qu'elles n'*étaient* (MONTESQUIEU).	*Qui fut jamais, seigneur, plus heureux que vous l'êtes ?* (VOLTAIRE.)

§ 753. Mais quand, avec des comparatifs d'inégalité, la phrase exprime une vraie égalité, il faut mettre l'adverbe *ne*, même si le premier membre est interrogatif ou négatif. Ex. : *La plupart de nos gens, s'ils eussent été nés à Madrid ou à Tolède, ne pouvaient pas être meilleurs Espagnols qu'ils* n'*étaient* (GUEZ DE BALZAC). *L'existence de Scipion ne sera pas plus douteuse dans dix siècles qu'elle* **ne** *l'est aujourd'hui* (D'ALEMBERT). *L'existence de Scipion sera-t-elle plus douteuse dans dix siècles qu'elle* **ne** *l'est aujourd'hui?*

§ 754. On met l'adverbe *ne* après *autre, autrement* suivis de *que* et d'une proposition complétive, si le premier membre de la phrase est affirmatif. On l'omet, si le premier membre est négatif. Ex. :

Avec *ne*.	Sans *ne*.
On se voit d'un autre œil qu'on **ne** *voit son prochain* (LA FONTAINE).	*Il* n'*agit pas autrement qu'il parle* (BRACHET).

§ 755. On met l'adverbe *ne* après la locution conjonctive *à moins que*. Ex. : *On a remarqué que lorsqu'il voit des hommes et des animaux ensemble, c'est toujours sur les animaux qu'il se jette et jamais sur les hommes, à moins qu'ils* **ne** *le frappent* (BUFFON).

CHAPITRE VII

SYNTAXE DE LA PRÉPOSITION

SECTION I

Des prépositions en général.

§ 756. Les propositions **à**, **de**, **en**, se répètent d'ordinaire devant chacun de leurs compléments. Les autres prépositions, et particulièrement celles qui n'ont qu'une syllabe, ne se répètent pas lorsque les noms qui servent de compléments ont une signification analogue; elles peuvent se répéter si les noms qui servent de compléments ont une signification opposée. Ex. :

Répétition.	Non répétition.
Il aime **à** *lire et* **à** *écrire* (ACAD.).	*Il a du goût* **pour** *la botanique et la zoologie.*
Les pirates venus **de** *la Suède,* **de** *la Norvège et* **du** *Danemark.*	*Il charme tout le monde* **par** *sa bonté et sa douceur.*
Les cadeaux consistaient **en** *bière du pays,* **en** *cocos,* **en** *noix et* **en** *riz.*	*Dieu nous a créés* **pour** *le connaître, l'aimer et le servir.*
Il était illustre **dans** *la paix et* **dans** *la guerre.*	*Soyez charitable* **envers** *les pauvres et les malheureux.*

§ 757. Les prépositions se répètent toujours quand le terme qui les suit est accompagné d'un complément. Ex. : *Il part* **pour** *Florence et* **pour** *Rome, où il espère retrouver ses compagnons.*

SECTION II

Emploi des principales prépositions.

§ 758. **A** sert surtout à marquer la tendance ou la direction : *Aller* **à** *Rome,* **à** *l'église,* **à** *l'armée* (ACAD.); et à former le complément indirect de certains verbes transitifs, pour indiquer le terme, la fin de l'action que le verbe exprime : *J'ai prêté ce livre* **à** *mon frère* (ACAD.).

§ 759. *A* sert encore à marquer provenance, dépendance, séparation, extraction. Ex. : *Boire de l'eau* **à** *une fontaine. Une épée suspendue* **à** *un clou.*

§ 760. Il sert aussi à marquer la situation. Ex. : *Demeurer* **à** *Paris. Les larmes* **aux** *yeux.*

§ 761. La préposition **de** sert surtout à marquer un rapport de départ, d'extraction, d'origine. Ex. : *Il vient* **de** *Marseille. Né* **de** *parents obscurs.*

§ 762. *De* est employé au sens partitif en sous-entendant le mot qui désigne la portion ou fraction. Ex. : *J'ai bu* **de** *son vin. Prendre* **des** *oiseaux.*

§ 763. *De,* après les noms, s'emploie fréquemment pour marquer appartenance, dépendance. Ex. : *La maison* **de** *mon frère. La lumière* **du** *soleil. Nid* **d**'aigle.

§ 764. **De** régit les mots qui servent à déterminer, à préciser la signification d'un adjectif. Ex. : *Plein* **d**'eau. *Digne* **d**'envie. *Avide* **de** *gain.*

§ 765. *De* après un verbe a souvent pour complément le nom qui indique la matière, l'instrument, le moyen, l'objet indirect de l'action, la cause. Ex. : *Il a fait* **de** *ce* *bloc une statue admirable. Se servir* d'*un couteau. Payer* **de** *ses deniers. Ravir* **de** *joie. Mourir* **de** *faim. Se repentir* d'*avoir trop parlé. Désespérer* **de** *réussir.*

§ 766. *De* sert à marquer l'époque, la durée. Ex. : *Nous partîmes* **de** *nuit. Il ne m'a pas quitté* **de** *tout le jour.*

§ 767. *De* s'emploie avec l'infinitif de narration. Ex. : *Aussitôt les ennemis* **de** *s'enfuir et* **de** *jeter leurs armes.*

§ 768. *De* sert à unir le nom commun d'une chose avec le mot ou l'expression qui la distingue de toutes les autres choses semblables. Ex. : *La ville* **de** *Rouen. Le mois* **de** *septembre. La comédie* **du** *Misanthrope.* Il sert également à unir des expressions indéfinies *rien, ceci, cela, que, quoi, personne, quelqu'un, quelque chose,* avec un adjectif ou un participe. Ex. : *Rien* **de** *beau que le vrai. Y a-t-il quelqu'un* d'*assez ignorant pour..? Il y a dans ce qu'il dit quelque chose* **de** *vrai. Il n'y a personne* d'*heureux sur la terre. Qu'avez-vous vu* **de** *beau ?*

§ 769. La préposition *de* peut précéder une autre préposition. Ex. : *Je viens* **de** *chez vous. Peindre* d'*après nature. Discerner le bien* d'*avec le mal.*

§ 770. Les prépositions *à* et *de* suivent quelques prépositions et servent à former la plupart des locutions prépositives. Ex. : *Loin* **de** *Paris. Hors* **de** *France. Auprès* **de** *vous. Au-dessus* **du** *toit. Conformément* **à** *la loi.*

§ 771. Certains verbes : *demander, participer, s'occuper, venir, s'ennuyer,* etc., ont une signification différente suivant qu'on les accompagne d'*à* ou de *de* :

Demander à exprime un désir. Ex. : *Il demande* **à** *entrer.*

Demander de réclame, commande. Ex. : *Je vous demande* **de** *m'écouter.*

Participer à veut dire *avoir part* à. Ex. : *Il participe*

Participer de veut dire *tenir de la nature de.* Ex. : *Le*

à *tous les profits et à tou-* | *mulet participe* **de** *l'âne*
tes les pertes de la société. | *et* **du** *cheval.*
S'occuper **à** quelque chose, | *S'occuper* **de** quelque chose,
c'est y travailler. Ex. : *Il* | c'est y penser, chercher les
s'occupe **à** *son jardin.* | moyens d'y réussir. Ex. :
| *Il ne s'occupe que* **de** *ba-*
| *gatelles.*
Venir **à** marque ce qu'une | *Venir* **de** indique un fait ré-
action a d'inattendu, de | cemment accompli. Ex. :
fortuit. Ex. : *S'il venait* **à** | *Je viens* **de** *lui parler.*
mourir. Je vins tout à coup |
à *me le rappeler.* |
S'ennuyer **à** quelque chose, | *S'ennuyer* **de** quelque chose,
c'est en éprouver de l'en- | c'est en éprouver du dé-
nui. Ex. : *S'ennuyer* **à** *at-* | goût, s'en lasser. Ex. : *Je*
tendre. | *m'ennuyai* **d'**attendre *et*
| *j'allai au-devant de lui.*

§ 772. L'usage a établi une distinction entre les locutions *c'est à... à*, et *c'est à... de*. La première indique
généralement le tour, la seconde le droit, la convenance,
le devoir. Ex. : *C'est à vous* **à** *parler* (c'est votre tour de
parler). *C'est à vous* **de** *parler* (c'est à vous qu'il appartient de parler). Cependant il arrive très souvent que l'on
emploie indifféremment l'une ou l'autre de ces locutions.

§ 773. **Au travers** est toujours suivi de la préposition
de. **A travers** n'en est pas suivi. *Au travers* se dit en général pour désigner un passage qu'on se procure entre
des obstacles, ou en traversant, en pénétrant un obstacle.
A travers se dit principalement pour désigner un passage
libre, vide. Ex. : *Passer sa main* **à travers** *les barreaux*
(ACAD.). *Il se fit jour* **au travers des** *ennemis* (ACAD.).

§ 774. **Près de** et **auprès de** marquent tous les deux la
proximité et s'emploient au propre et au figuré. Ex. : *Il*

a fallu lui couper le bras fort **près du** *coude* (SÉVIGNÉ).
Allez toujours m'attendre **auprès du** *logis* (MOLIÈRE). *Dites,
dites plutôt, cœur ingrat et farouche, Qu'* **auprès du** *dia-
dème il n'est rien qui vous touche* (RACINE). **Près de** *la
quatrième partie de ce peuple réprouvé a passé des ténèbres
à la lumière sous ses auspices* (S.-RÉAL).

§ 775. *Près de* exprime la proximité dans le temps
comme dans l'espace et peut se construire avec un infinitif. Ex. : *Et qui se voit si* **près de** *perdre tout son bien,
Se fait armes de tout et ne ménage rien* (CORNEILLE). *Les
royaumes formés par les conquêtes sont anciens, puisqu'on
les voit commencer si* **près du** *déluge* (BOSSUET).

§ 776. *Près* peut s'employer sans *de* lorsqu'il s'agit
d'un lieu. Ex. : **Près** *l'église. Passy* **près** *Paris*, et dans
quelques phrases consacrées par l'usage, telles que : *Ministre, ambassadeur* **près** *le Saint-Siège*, **près** *la cour de...*

§ 777. Lorsqu'**avant** a pour complément un infinitif,
il se lie avec lui par *de* ou par *que de*. Ex. : *Mais* **avant
de** *mourir, elle sera vengée* (VOLTAIRE). **Avant que de**
combattre ils s'estiment perdus (CORNEILLE).

§ 778. Lorsque **à moins** a pour complément un infinitif, il se lie avec lui par *de* ou *que de*. Ex. : **A moins
que** d'*être insensible Pouvait-on n'être point troublé?*
(RACINE.) **A moins** d'*être fou, il n'est pas possible de
raisonner ainsi* (ACAD.).

§ 779. **Jusque** se construit en général avec *à*. Il ne se
construit sans préposition qu'avec les adverbes *où, ici, là,
aujourd'hui, alors*. Ex. : *Pourrez-vous me haïr* **jusqu'à** *cette
rigueur De souhaiter pour vous même haine en mon cœur?*
(P. CORNEILLE.) *Mais* **jusqu'où** *puisse aller l'ardeur qui nous
domine....* (T. CORNEILLE). *Vertueux* **jusqu'ici** *vous pouvez
toujours l'être* (RACINE). *Aucuns monstres par moi domptés*
jusqu'aujourd'hui *Ne m'ont donné le droit de faiblir
comme lui* (RACINE). *Plutôt que* **jusque là** *j'abaisse mon*

orgueil, Je verrais sans pâlir les fers et le cercueil (VOL-
TAIRE). **Jusqu'alors** *il avait vécu avec sagesse* (LITTRÉ).

§ 780. **Voilà** se rapporte à ce qui est éloigné ou à ce
qui précède; **voici**, à ce qui est rapproché ou à ce qui
suit. Ex. : **Voilà** *comme l'extérieur nous trompe* (SÉVIGNÉ).
Voilà *tous mes forfaits; en* **voici** *le salaire* (RACINE).
Mais, Seigneur, le **voici** *qu'on amène* (T. CORNEILLE).

§ 781. *Voici* forme avec *venir* la locution *voici venir*.
Ex. : **Voici venir** *ma sœur pour se plaindre de vous* (COR-
NEILLE).

§ 782. **Dans** et **en** se différencient légèrement dans
l'usage. *Dans* s'emploie surtout devant les noms précédés
de l'article. Ex. : *S'établir* **dans** *la France méridionale.*
Dans *le temps de la guerre. Il n'y a rien de plus dangereux
ni de plus formidable que la paix* **dans** *le péché* (BOURDA-
LOUE). *En* se met surtout devant les noms indéterminés.
Ex. : *S'établir* **en** *France.* **En** *temps de guerre. Je serai
marié, si l'on veut, en Turquie* (CORNEILLE). Cependant on
emploie quelquefois *en* devant des noms déterminés.
Ex. : **En** *tout cas.* **En** *ces divers états.*

§ 783. *En* peut seul se placer devant les pronoms et
devant les participes présents. Ex. : *Jésus-Christ* **en** *qui
Adam n'avait point péché* (BOSSUET). *La tragédie, informe et
grossière* **en** *naissant, N'était qu'un simple chœur* (BOILEAU).

§ 784. *En* employé comme adverbe de temps exprime
le temps qu'on mettra à faire une chose. Ex. : *De juger
si les Grecs, qui brisèrent ses tours, Firent plus* **en** *dix ans
que Louis* **en** *dix jours* (BOILEAU). *Dans* exprime l'inter-
valle de temps au bout duquel on se mettra à l'ouvrage.
Ex. : *Et ce jour effroyable arrive* **dans** *dix jours* (RACINE).

CHAPITRE VIII

SYNTAXE DE LA CONJONCTION

EMPLOI DE QUELQUES CONJONCTIONS

§ 785. **Ni** s'emploie pour unir deux propositions négatives dont la seconde est elliptique. Ex. : *On n'est jamais* **ni** *si heureux* **ni** *si malheureux qu'on se l'imagine* (La Rochefoucauld).

§ 786. **Ni** s'emploie pour unir des propositions subordonnées dépendant d'une proposition principale négative. Ex. : *Que la fortune ne tente donc pas de nous tirer du néant,* **ni** *de forcer la bassesse de notre nature* (Bossuet).

§ 787. *Ni* s'emploie pour unir les parties semblables (sujet ou complément) d'une proposition négative. Ex. **Ni** *l'or* **ni** *la grandeur ne nous rendent heureux* (La Fontaine). *Elle n'a* **ni** *parents* **ni** *support* **ni** *richesse* (Molière).

§ 788. Quand *ni* est répété, on ne met pas la particule *point* ou *pas*. Ex. : **Ni** *mon grenier* **ni** *mon armoire Ne se remplit à babiller* (La Fontaine).

§ 789. *Ni* s'emploie pour éviter la répétition de *sans* et de *sans que*. Ex. : *Une vie molle, délicieuse, sans vices* **ni** *vertus* (Massillon). *Dans les rêves les sensations se succèdent sans que l'âme les compare* **ni** *les réunisse* (Buffon). Si l'on répète *sans* on emploie la conjonction *et*. Ex. : *Sans joie* **et** *sans murmure elle semble obéir* (Racine).

§ 790. **Malgré que** ne peut s'employer que devant le verbe *avoir*. Ex. : *Me voulez-vous toujours appeler de ce nom ? — Ah!* **malgré que** *j'en aie il me vient à la bouche* (Molière). *Il faut se divertir* **malgré qu'on en ait** (Mme de Sévigné).

§ 791. **Lorsque** et **puisque** peuvent quelquefois s'é-
crire en deux mots séparés par une conjonction ou par
un adverbe. Ex. : *C'est un homme qui a le secret de plaire*
lors *même* **qu'***il contredit* (ACAD.). **Puis** *donc* **que** *vous*
trouvez ma faute inexcusable (CORNEILLE).

§ 792. **Si**, conjonction, dans une construction elliptique
où il n'y a pas de membre principal, exprime une sorte
de souhait. Ex. : **Si** *j'apprenais l'hébreu, les sciences,*
l'histoire ! (LA FONTAINE.)

§ 793. *Si* s'emploie quelquefois dans les propositions
coordonnées pour marquer la seconde partie d'une interrogation. Ex. : *Tombé-je dans l'erreur ou* **si** *j'en vais*
sortir ? (CORNEILLE.)

§ 794. **Que**, conjonction, s'emploie entre deux membres
de phrase qui ont chacun leur verbe exprimé ou sous-
entendu, pour marquer que le second est régi par le
premier ou lui est subordonné. Ex. : *Vous dites* **qu'***il a*
de l'esprit ; moi, je soutiens **que** *non* (ACAD.).

§ 795. *Que* s'emploie avec ellipse d'une proposition
indiquant la condition. Ex. : **Qu'***il parle, tout se tait* (s'il
arrive qu'il parle). **Qu'***il fasse le moindre excès, il est ma-*
lade (s'il arrive qu'il fasse).

§ 796. *Que* s'emploie comme particule de souhait,
d'imprécation, de commandement, de consentement, de
répugnance, de blâme, avec ellipse des verbes dont on se
sert pour souhaiter , pour commander, pour consentir,
etc. Ex. : **Que** *je meure si cela n'est pas vrai !* **Qu'***il parte*
tout à l'heure ! **Qu'***il fasse ce qui lui plaira !* **Qu'***il se soi*
oublié à ce point ! (ACAD.)

§ 797. *Que*, accompagné de *ne*, s'emploie souvent dans
le sens de *pourquoi... ne pas.* Ex. : *Si le choix est si beau,*
que ne *le prenez-vous ?* (MOLIÈRE.)

§ 798. *Que* se met après les comparatifs, adjectifs ou
adverbes, et après les mots *tel, quel, même, autre.* Ex. : *Tout*

10.

autre **que** *mon père L'éprouverait sur l'heure* (Corneille).
Montre-toi digne fils d'un père tel **que** *moi* (Corneille).
Il n'est meilleur ami ni parent **que** *soi-même* (La
Fontaine).

§ 799. *Que* signifie quelquefois *si ce n'est.* Ex. : *A qui
conterai-je mes peines* **qu'**à vous qui les causez ? (Mme de
Staal.)

§ 800. *Que* s'emploie dans certaines phrases avec
ellipse des mots *autre chose* ou *autrement,* et alors il est
toujours précédé de la négation. Ex. : *On n'entend* **que**
des cris, on ne voit **que** *des larmes* (Corneille).

§ 801. *Que* signifie quelquefois *lorsque, jusqu'à ce que,
depuis que.* Ex. : *Il sortit du temple* **qu'il** était déjà tard
(S.-Réal). *Ne venez point ici* **que** *vous n'ayez de mes nou-
velles* (Sévigné). *Il y a dix ans* **que** *je ne l'ai vu* (Acad.).

§ 802. *Que* signifie *puisque, de telle sorte que.* Ex. : *Que
fera cet homme-là dans le combat, dit-il,* **qu'il** sue déjà en
parlant ? (Perrot d'Ablancourt.) *On le régala* **que** *rien
n'y manquait* (Acad.).

§ 803. *Que* signifie encore *afin que* et *de peur que.*
Ex. : *Approchez* **que** *je vous parle* (Acad.). *Retirez-vous*
qu'il ne vous maltraite (Acad.).

§ 804. *Que... ne,* s'emploie dans le sens de *sans que.*
Ex. : *Je vous donne avis qu'il n'avouera jamais qu'il est
médecin* **que** *vous ne preniez chacun un bâton et ne le
réduisiez à force de coups* (Molière).

§ 805. *Que* répété signifie *soit que... soit que.* Ex. :
Qu'il perde son procès ou **qu'il** le gagne, il partira (Acad.).

§ 806. *Que* remplace *comme, quand, si,* lorsqu'à des
propositions qui commencent par ces mots on en joint
d'autres de la même nature. Ex. : *Comme nous avons déjà
dit et* **que** *nous le verrons clairement plus tard* (Bossuet).
Quand tout cédait à Louis et **que** *nous crûmes voir revenir le temps où les murailles tombaient au bruit des*

trompettes (Id.). *Si, selon la doctrine du grand apôtre,
on trouve la sainteté dans les emplois les plus bas, et*
qu'*un esclave s'élève à la perfection* (Id.).

§ 807. *Que* forme un grand nombre de locutions conjonctives avec des prépositions, des conjonctions ou des
adverbes. Ex. : *afin que, avant que, bien que, dès que,
depuis que, loin que, vu que, outre que, lorsque, puisque,
soit que,* etc. *Que* remplace ces locutions conjonctives
dans les membres de phrase où elles devraient être ré-
pétées. Ex. : ... **Avant que** *la griffe et la dent Lui soit crue*
et **qu'***il soit en état de nous nuire* (La Fontaine).

DEUXIÈME DIVISION

SYNTAXE DES PROPOSITIONS

§ 808. Une phrase contient autant de propositions qu'elle compte de verbes, exprimés ou sous-entendus. Ex. : *Eux* **venus**, *le lion sur ses ongles* **compta**. *Les Athéniens* **avaient** *dix mille hommes, les Platéens trois mille.* Chacune de ces phrases contient deux propositions.

§ 809. Le verbe de la propostion principale est toujours à l'indicatif ou à l'impératif. Dans certaines phrases qui ne renferment qu'un verbe au subjonctif, la proposition principale est sous-entendue. *Que vous* **soyez** *heureux* est une proposition subordonnée devant laquelle il faut suppléer une proposition principale, telle que *je désire, je souhaite.*

§ 810. On distingue quatre espèces de propositions subordonnées : la proposition *participe*, la proposition *infinitive*, la proposition *conjonctive* et la proposition *relative*.

§ 811. La proposition *participe* est celle dont le verbe est au participe, soit présent, soit passé. Ex. : **L'hiver approchant,** *chacun fait sa provision de bois.* **L'hiver venu,** *les hirondelles nous quittent.*

§ 812. La proposition *infinitive* est celle dont le verbe est à l'infinitif. Ex. : *Je souhaite* **de réussir.**

§ 813. La proposition *conjonctive* est celle qui est unie par une conjonction à la proposition principale. Ex. : *Je sonnerai,* **quand j'aurai besoin de vous.**

§ 814. La proposition *relative* est celle qui est unie par un pronom relatif à la proposition principale. Ex. : *Le voici* **qui vient.**

CHAPITRE PREMIER

EMPLOI DE L'INDICATIF ET DU SUBJONCTIF

§ 815. En général le verbe de la proposition conjonctive se met à l'indicatif après une conjonction simple, au subjonctif après une locution conjonctive. Ex. : *Si j'*entre *dans la Laconie, je vous en chasserai tous* (Barthélemy). *A moins que la pitié qui semble vous troubler Ne* **soit** *ce coup fatal qui vous faisait trembler* (Racine). Cette règle comporte un grand nombre d'exceptions indiquées dans les paragraphes suivants.

§ 816. Les locutions conjonctives qui suivent veulent toujours après elles l'indicatif : *à mesure que, ainsi que, attendu que, aussi bien que, aussitôt que, autant que, de même que, depuis que, dès que, durant que, non plus que, outre que, parce que, pendant que, tandis que, tant que, vu que.* Ex. : *Pour moi, tout aussitôt que je l'en* **vis** *parée, Je ne fis plus état de la toison dorée* (Corneille). *Et parce qu'elle* **meurt,** *faut-il que vous mouriez ?* (Racine.)

§ 817. Les six locutions conjonctives : *de manière que, de sorte que, en sorte que, si ce n'est que, sinon que, tellement que,* se construisent tantôt avec l'indicatif, tantôt avec le subjonctif.

1° Elles se construisent avec l'indicatif quand la phrase exprime un fait positif, certain. Ex. : *Il fit en sorte que plusieurs choses nécessaires* **manquèrent** *à Philoclès dans cette entreprise* (Fénelon).

2° Elles se construisent avec le subjonctif quand la phrase exprime un fait douteux. Ex. : *N'y aurait-il point moyen de tirer des choses plus de bien que de mal et de disposer son imagination de sorte qu'elle* **séparât** *les plai-*

sirs d'avec les chagrins et ne **laissât** *passer que les plaisirs ?* (FONTENELLE.)

§ 818. Après *que* remplaçant *si* ou employé au sens de *sans que, afin que, de peur que, soit que,* le verbe se met au subjonctif.

§ 819. Après *que,* le verbe se met à l'indicatif pour énoncer un jugement d'une manière positive et formelle ; il se met au subjonctif pour énoncer un jugement d'une manière vague, douteuse. Après le même verbe on peut donc mettre l'indicatif ou le subjonctif, suivant la nuance que l'on veut indiquer. Ex. :

Indicatif.	Subjonctif.
Il veut croire qu'il **a** *raison* (BOSSUET).	*Un homme ne veut point croire qu'il* **soit** *orgueilleux* (BOSSUET).
Je m'en doutais, Seigneur, que ma couronne Vous **charmait** *bien du moins autant que ma personne* (CORNEILLE).	*Oui, je ne doute point que l'hymen ne vous* **plaise** (MOLIÈRE).

§ 820. Il résulte de la règle ci-dessus que le subjonctif se met après *que* et les verbes ou les adjectifs exprimant un ordre, une défense, un désir, un mouvement de l'âme, une obligation, une cause, etc. On mettra donc le subjonctif :

1° Après les verbes *vouloir, ordonner, défendre, consentir, permettre, souffrir, attendre, mériter, se réjouir, rougir.* Ex. : *Mais il me semble, Agnès, si ma mémoire est bonne, Que j'avais défendu que vous* **vissiez** *personne* (MOLIÈRE) ;

2° Après la plupart des verbes impersonnels, comme *il convient, il faut, il importe, il est temps, c'est assez, c'est beaucoup, il est juste, il est bon, il est possible, tant*

s'en faut que, etc. Ex. : *Je fonds en larmes en vous écri-*
vant ces paroles; mais il faut que je les **écrive** (MA-
LHERBE). *Il a fallu que l'esprit philosophique introduit*
fort tard en France **ait réformé** *les préjugés du peuple,*
pour qu'on rendît enfin une justice entière à la mémoire
de ce grand homme (Colbert) (VOLTAIRE);

3° Après les adjectifs *content, satisfait, heureux, ravi,*
mécontent, fâché, affligé, désolé, honteux, confus, bon,
joyeux, convenable, fâcheux, nécessaire, possible, etc.
Ex. : *Il est nécessaire, vu la prodigieuse distance des étoiles*
fixes, que, depuis Saturne jusqu'aux extrémités de notre
tourbillon, il y **ait** *un grand espace vide et sans planètes*
(FONTENELLE).

CHAPITRE II

CONCORDANCE DES TEMPS DU SUBJONCTIF AVEC CEUX DE L'INDICATIF.

§ 821. Quand le verbe de la proposition principale est
au *présent* ou au *futur*, on met le verbe de la proposition
subordonnée au *présent* du subjonctif quand l'action est
présente ou future; au *parfait* du subjonctif, quand l'action est déjà faite. Ex. : *Le plomb peut s'allier avec tous*
les métaux, à l'exception du fer, avec lequel il ne parait pas
qu'il **puisse** *contracter d'union intime* (BUFFON). *Comme*
la chevrette produit ordinairement deux faons, l'un
mâle et l'autre femelle, ces jeunes animaux, élevés,
nourris ensemble, prennent une si forte affection l'un pour
l'autre, qu'ils ne se quittent jamais, à moins que l'un des
*deux n'*ait **éprouvé** *l'injustice du sort, qui ne devrait*
jamais séparer ce qui s'aime (ID.). *Ne faudra-t-il pas que*

vous me **l'avouiez?** (DIDEROT.) *Je douterai toujours que vous* **ayez pu** *mentir.*

§ 822. Quand le verbe de la proposition principale est à un temps passé ou au conditionnel, on met le verbe de la proposition subordonnée à l'*imparfait* du subjonctif, quand l'action est présente ou future ; au *plus-que-parfait* du subjonctif, quand l'action est déjà faite. Ex. : *La nature, qui n'a pas voulu que deux feuilles se* **ressemblassent**, *a mis encore plus de diversité dans les âmes* (Mᵐᵉ DE STAEL). *Il souffrait que je lui* **disse** *la vérité* (FÉNELON). *Plût à Dieu que vous vous* **donnassiez** *tellement à lui, que vous m'***épargnassiez** *le soin importun de vous faire ouïr ses menaces* (BOSSUET). *Nous voudrions que tous les autres nous* **aimassent**, *nous* **admirassent**, **pliassent** *sous nous, qu'ils ne* **fussent** *occupés que du soin de nous satisfaire* (NICOLE). *J'ignorais que tu* **fusses sorti.**

§ 823. Quand le sens de la proposition subordonnée est modifié par une proposition conditionnelle, on se sert du *présent*, de l'*imparfait* ou du *plus-que-parfait* du subjonctif, selon le temps du verbe de la proposition conditionnelle. Ex. : *Je ne crois pas qu'il* **sorte** *si on le lui interdit. Je ne crois pas qu'il* **sortît** *si on le lui interdisait. Je ne croirai jamais qu'il* **fût sorti** *si on le lui avait interdit.*

FIN.

TABLE DES MATIÈRES

Notions préliminaires 1
CHAPITRE I. — Lettres.............. 1
— II. — Voyelles et diphthongues 1
— III. — Consonnes 2
— IV. — Syllabes. Accent tonique 4
— V. — Signes orthographiques.......... 5
— VI. — Ponctuation........ 6

PREMIÈRE PARTIE

ÉTUDE DES MOTS

CHAPITRE I. — Des différentes espèces de mots............ 8
CHAPITRE II. — Nom ou substantif...................... 8

Section I. — Du genre dans les noms...... 9
— II. — Du nombre dans les noms................... 11

CHAPITRE III. — Article 13
— IV. — Adjectif........................... 14

Section I. — Adjectifs qualificatifs......... 15

1. Formation du féminin.............. 15
2. Formation du pluriel dans les adjectifs qualificatifs. 17
3. Degrés de signification dans les adjectifs.......... 17

Section II. — Adjectifs déterminatifs............... 18

1. Adjectif démonstratif....................... 18
2. Adjectifs possessifs 19
3. Adjectifs numéraux......................... 20
Section III. — Adjectifs indéfinis................... 20

CHAPITRE V. — PRONOM........ 21

   SECTION 1 — *Pronoms personnels*...................... 21
        II. — *Pronoms possessifs* 22
        III. — *Pronoms démonstratifs*................. 23
        IV. — *Pronoms relatifs ou conjonctifs*.......... 24
        V. — *Pronoms indéfinis*...................... 24

CHAPITRE VI. — VERBE.... 25

   SECTION I. — *Définitions*........................ 25
     1. Verbe, sujet, complément... 25
     2. Des cinq espèces de verbes..................... 26
     3. Radical, terminaison..................... 26
     4. Nombres..................... 27
     5. Personnes 27
     6. Modes..................... 27
     7. Temps.... 28
     8. Conjugaisons 29

   SECTION II. — *Formation des temps simples*............... 30
     1. Présent de l'indicatif..................... 30
     2. Imparfait de l'indicatif..................... 31
     3. Parfait défini..................... 31
     4. Futur simple.... 32
     5. Conditionnel simple..................... 32
     6. Impératif..................... 33
     7. Présent du subjonctif..................... 33
     8. Imparfait du subjonctif... 34
     9. Infinitif..................... 34
    10. Participe présent..................... 35
    11. Participe passé..................... 35

   SECTION III. — *Formation des temps composés*............... 35
     1. Verbe **Avoir**..................... 36
     2. Verbe **Être**..................... 39

   SECTION IV. — *Verbes actifs*...... 41
     Première conjugaison..................... 41
     Deuxième conjugaison.. 43
     Troisième conjugaison..................... 45
     Quatrième conjugaison 46

   SECTION V. — *Verbes passifs. — Conjugaison du verbe passif* **être aimé** 48

SECTION VI. — *Verbes neutres. — Conjugaison du verbe
neutre* **arriver**................................   51

SECTION VII. — *Verbes réfléchis. — Conjugaison du verbe
réfléchi* **se lamenter**.........................   53

SECTION VIII. — *Verbes impersonnels. — Conjugaison du
verbe impersonnel* **neiger**....................   56

SECTION IX. — *Verbes dits irréguliers*...........   57

    1. Première conjugaison.......................   58

    2. Deuxième conjugaison......................   59

    3. Troisième conjugaison.....................   65

    4. Quatrième conjugaison....................   69

CHAPITRE VII. — ADVERBE..........................   78

SECTION I. — *Adverbes de lieu*..................   78
  — II. — *Adverbes de temps*.....................   78
  — III. — *Adverbes de manière*..................   79
  — IV. — *Adverbes de quantité*..................   80
  — V. — *Adverbes d'affirmation, de négation et de
doute*..   80

CHAPITRE VIII. — PRÉPOSITION......................   81

CHAPITRE IX. — CONJONCTION........................   82

CHAPITRE X. — INTERJECTION........................   83

SECONDE PARTIE

SYNTAXE

PREMIÈRE DIVISION

SYNTAXE DES MOTS

CHAPITRE I. — SYNTAXE DU SUBSTANTIF...............   87

SECTION I. — *Accord*............................   87
  — II. — *Complément*............................   88
  — III. — *Irrégularités dans le genre des noms*.......   89
  — IV. — *Pluriel des noms propres*...............   93

Section V. — *Pluriel des noms tirés de langues étrangères.* 94
— VI. — *Pluriel des noms abs'raits*............... 95
— VII. — *Pluriel des noms composés*............... 95

CHAPITRE II. — Syntaxe de l'article............... 98

Section I. — *Emploi ou omission de l'article*...... 98
— II. — *Emploi de l'article partitif*... 101
— III. — *Accord de l'article*............... 102

CHAPITRE III. — Syntaxe de l'adjectif............... 103

Section I. — *Adjectifs qualificatifs*........... 103
1. Accord.................... 103
2. Complément.................... 107
3. Place de l'adjectif.................... 108
4. Degrés de signification.................... 108

Section II. — *Adjectifs déterminatifs*........... 109
1. Adjectifs numéraux.................... 109
2. Adjectifs possessifs.................... 110
3. Adjectifs indéfinis.. 110

CHAPITRE IV. — Syntaxe du pronom... 111

Section I. — *Pronom personnel*........... 111
— II. — *Pronom démonstratif*............... 119
— III. — *Pronom relatif ou conjonctif*............ 120
— IV. — *Pronoms indéfinis*............... ... 125

CHAPITRE V. — Syntaxe du verbe.................... 127

Section I. — *Accord*............... 127
1. Accord du verbe avec un seul sujet............... 127
2. Accord du verbe avec plusieurs sujets..... ..,..... 130

Section II. — *Complément*...... 132
— III. — *Emploi des voix*........ 134
— IV. — *Emploi des temps* 135
— V. — *Emploi des auxiliaires*........ 136
— VI. — *Emploi de l'infinitif* 138
— VII. — *Emploi du participe*.................... 140

1. Participe présent.................... 140
2. Participe passé 143

CHAPITRE VI. — Syntaxe de l'adverbe.................... 151

Section I. — *De l'adverbe en général et de son emploi*.... 151
— II. *Complément*....................... ... 152
— III. — *Observations particulières sur les adverbes*.. 153

1. Adverbes de lieu....... 153
2. Adverbes de temps........ 154
3. Adverbes de manière 155
4. Adverbes de quantité 157
5. Adverbes d'affirmation, de négation et de doute.... 161

CHAPITRE VII. — Syntaxe de la préposition......... 166

Section I. — *Des prépositions en général*... 166
— II. — *Emploi des principales prépositions*........ 167

CHAPITRE VII. — Syntaxe de la conjonction 172
Emploi de quelques conjonctions.................... 172

DEUXIÈME DIVISION
SYNTAXE DES PROPOSITIONS

CHAPITRE I. — Emploi de l'indicatif et du subjonctif...... 177
— II. — Concordance des temps du subjonctif avec
ceux de l'indicatif............................. 179

FIN DE LA TABLE DES MATIÈRES.

3360-85. — Corbeil. Typ. et ster. Crète.

GAUME et Cⁱᵉ, Éditeurs, 3, rue de l'Abbaye, à Paris.

OUVRAGES DE FRÉDÉRIC GODEFROY

1° COURS CLASSIQUES GRADUÉS

MORCEAUX CHOISIS DES PROSATEURS ET POÈTES FRANÇAIS

DES XVIIᵉ, XVIIIᵉ ET XIXᵉ SIÈCLES

Présentés dans l'ordre chronologique, gradués et accompagnés de Notices et de notes

Cours préparatoire (1ᵉʳ âge). 1 vol. in-12, cart..............	1 20
1ᵉʳ Cours (8ᵉ, 7ᵉ, 6ᵉ). 1 vol. in-12, cart................	2 75
2ᵉ Cours (5ᵉ et 4ᵉ). 1 vol. in-12, cart.................	3 75
Cours supérieur (3ᵉ, Seconde et Rhétorique). 2 v. in-12, cart.	7 50
Morceaux choisis des Poètes et Prosateurs du IXᵉ au XVIᵉ siècle. 1 vol. in-12, cart.............	3 75
Morceaux choisis des Poètes et Prosateurs du XVIᵉ siècle. 3ᵉ édition. 1 vol. in-12, cart..............	3 75

2° AUTEURS FRANÇAIS ANNOTÉS

Boileau. Œuvres poétiques. 1 vol. in-12...........	3 »
La Bruyère. Les Caractères. 1 vol. in-12.......	3 »
La Fontaine. Fables. 1 vol. in-12.............	3 25
— 1 vol. in-18.	
Voltaire. Lettres choisies. 1 vol. in-12...........	3 50
Théâtre classique. 1 vol. in-12.............	4 »

3° LIVRES DE BIBLIOTHÈQUES SCOLAIRES

Histoire de la Littérature française depuis le xvıᵉ siècle jusqu'à nos jours. Couronnée par l'Académie française. 2ᵉ édit. 10 vol. in-8.............	65 »
Histoire de la Littérature française au xvıᵉ siècle, au xvıııᵉ siècle et au xıxᵉ siècle. 3 vol. in-8......	18 »

4° MANUELS

Manuel du Brevet supérieur. 7 vol. in-12.......	8 70
Manuel du Baccalauréat spécial. 1 vol. in-12........	4 »

5° GRAMMAIRE FRANÇAISE

Cours élémentaire. 1 vol. in-12.............	90
2ᵉ Cours. 1 vol. in-12.............	1 25
Cours supérieur. 1 vol. in-12.............	1 00

3300-95. — Corbeil, typ. et stér. Crété.

www.ingramcontent.com/pod-product-compliance
Lightning Source LLC
Chambersburg PA
CBHW072000090426
42740CB00011B/2023